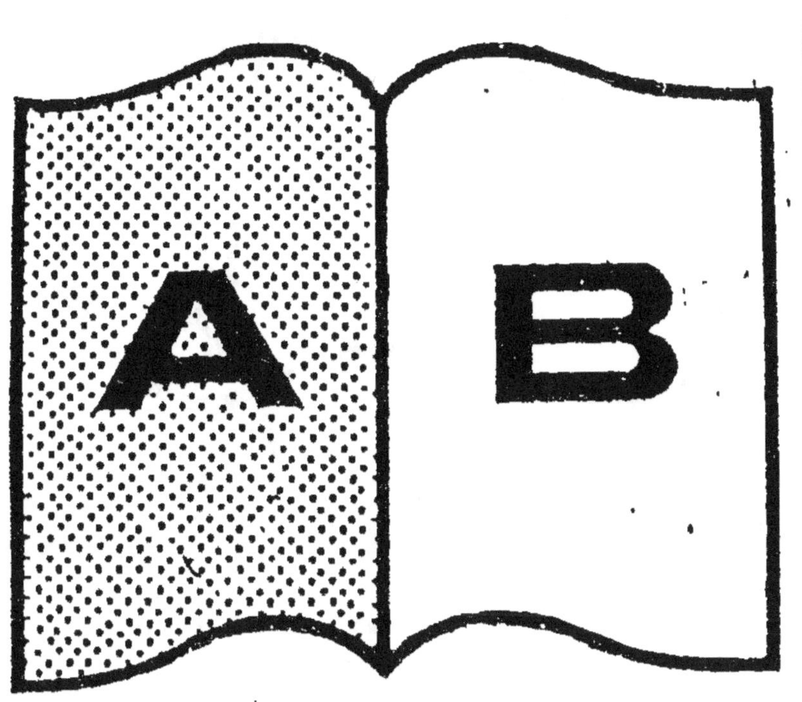

Contraste insuffisant des couvertures
supérieure et inférieure

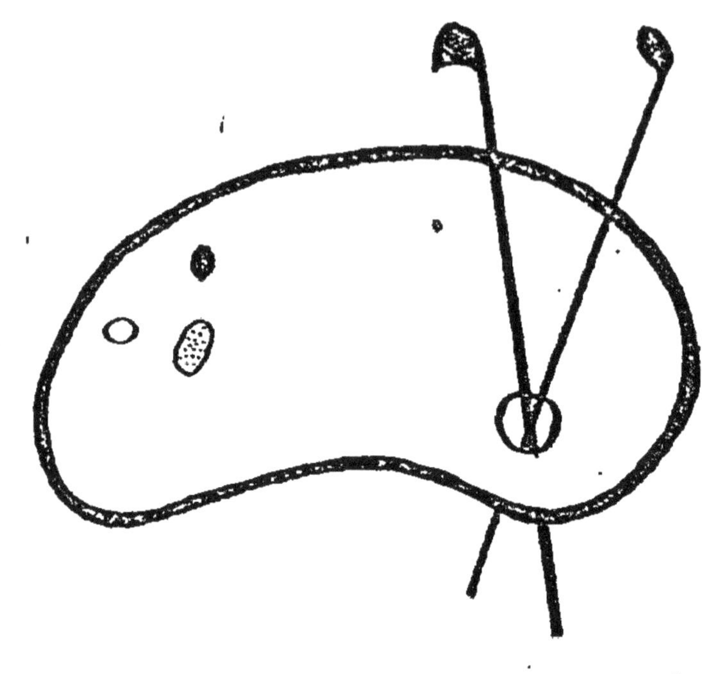

DEBUT D'UNE SERIE DE DOCUMENTS
EN COULEUR

QUESTIONS HISTORIQUES

J. RUINAUT

Le Schisme de Photius

BLOUD & Cᵒ

S. et R. 558

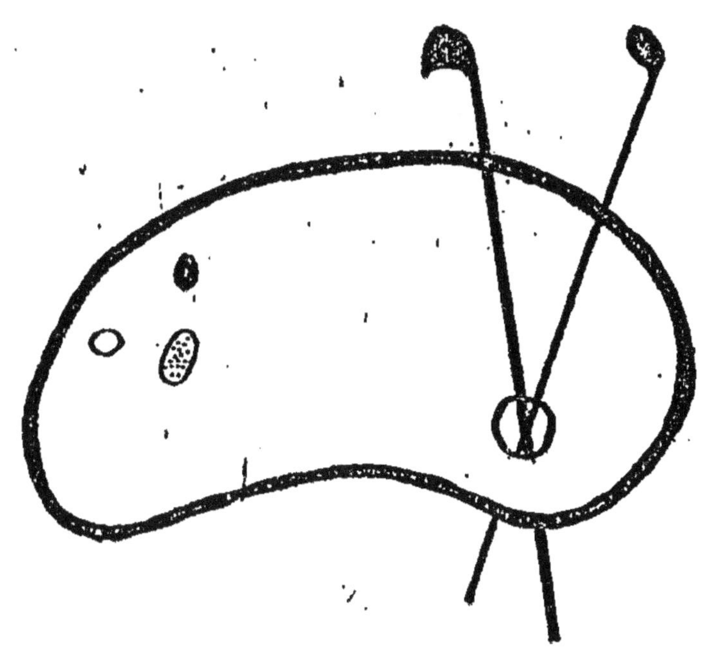

FIN D'UNE SERIE DE DOCUMENTS
EN COULEUR

LE SCHISME DE PHOTIUS

QUESTIONS HISTORIQUES

LE
Schisme de Photius

PAR

J. RUINAUT

PARIS
LIBRAIRIE BLOUD ET Cⁱᵉ

7, PLACE SAINT-SULPICE, 7
1 ET 3, RUE FÉROU — 6, RUE DU CANIVET
1910

LE SCHISME DE PHOTIUS

INTRODUCTION

Le schisme qui au ixe siècle sépara momentanément l'Orient grec de la communion romaine ne fut pas le résultat de dissentiments théologiques sérieux : ceux qui furent invoqués n'étaient qu'un prétexte. Il s'explique en grande partie par les manœuvres auxquelles se livra Photius pour conserver coûte que coûte le patriarcat de Constantinople dont il avait été investi, au mépris de toutes les règles canoniques, par un politicien décidé à en déposséder, dans un but de vengeance personnelle, le véritable titulaire. Mais la cause déterminante en fut la répugnance qu'avaient toujours montrée les Grecs à accepter des directions venues de l'Occident. Il est l'aboutissement fatal des antipathies et des mépris, des jalousies et des rancunes qui s'accumulaient tous les jours dans leurs esprits contre les Occidentaux. C'est en ravivant ou en excitant ces divers sentiments que Photius a conquis l'approbation de Byzance et s'est assuré l'appui successif des régimes les plus différents, même de ceux qui lui étaient originairement le plus hostiles.

L'hostilité que les Grecs manifestaient pour l'Occident tenait à plusieurs causes d'ordre différent. Elle avait son origine d'une part dans la conscience de leur supériorité intellectuelle et artistique et dans l'orgueil de leur civilisation, d'autre part dans le ressentiment de leur suprématie violée par la fondation du Saint-Empire, enfin dans une tendance marquée à l'autonomie et même à la prééminence religieuse. D'abord latente et bornée à des incidents secondaires, elle s'envenina sous l'action de Photius et passa à l'état aigu.

La division de l'Empire romain en deux parties, à laquelle Théodose s'était décidé sur l'exemple de plusieurs de ses prédécesseurs, correspondait uniquement dans son esprit à une nécessité pratique. Les difficultés du moment avaient rendu trop lourd pour les épaules d'un seul homme le poids de son immense héritage. Il divisait le travail entre ses deux enfants, mais sans perdre un seul instant l'espoir qu'ils se considéreraient toujours comme les administrateurs d'un même ensemble et entretiendraient perpétuellement des relations amicales. La prééminence était donnée à l'empire d'Orient où Constantin avait transféré sa capitale après une transformation, si notable qu'elle ressemblait à une fondation, de l'antique Byzance.

Les circonstances ne tardèrent pas à montrer la vanité du rêve de Théodose. Les Barbares faisaient irruption de toutes parts. Si l'empire d'Orient sut leur résister, l'empire d'Occident croula sous leurs coups. Moins d'un siècle après la mort de Théodose, Rome succombait. L'Italie, la Gaule, l'Espagne, devenaient la proie des envahisseurs. C'en était fait de la gloire et de la civilisation romaines.

Du mélange des peuples romains ou romanisés avec les Barbares sortaient des peuples nouveaux dont l'histoire commençait dans l'ignorance et la barbarie.

Les Orientaux observaient avec mépris leurs tâtonnements et leurs efforts et faisaient sur eux-mêmes un retour plein d'orgueil. Vierge du contact des Barbares, Byzance gardait dans sa pureté le précieux dépôt de l'hellénisme. Elle lui devait la finesse de sa culture, la sûreté de son goût, l'élégance de ses manières, le raffinement de sa civilisation.

Jusqu'à Charlemagne l'Occident ne produira, en fait de littérature, que d'indigestes compilations, de sèches annales, de monotones vies de saints, d'une forme inculte, d'une langue barbare (1). La Renaissance carolingienne

____

(1) Cf. MOLINIER, *Sources de l'histoire de France*, Introduction générale, t. V.

elle-même ne dépassera pas les limites d'une académie de
lettrés sans influence étendue ni durable. La littérature
de l'Orient comprend une quantité considérable d'ora-
teurs, d'historiens et de poètes dont tous n'ont pas à
coup sûr une puissante originalité, mais chez lesquels
se retrouve sans exception le culte de la forme et le
sens du beau. En Occident, les arts sont en pleine
décadence. La statuaire est complètement tombée et la
production sculpturale tient tout entière dans de gau-
ches motifs d'ornementation. Les architectes copient
servilement la vieille basilique romaine pour leurs églises. Leurs édifices sont lourds et massifs ; ils manquent
de solidité et l'essor merveilleux de l'architecture
romane naîtra avant tout du besoin de remplacer
presque partout les constructions branlantes édifiées
aux âges précédents. Quand l'architecte occidental
veut faire une œuvre supérieure, c'est en Orient qu'il
va chercher son inspiration. La chapelle que Charlemagne fit construire dans son palais d'Aix-la-Chapelle
avait été exécutée sur le modèle de Saint-Vital de
Ravenne, qui était un édifice byzantin, dans une ville
byzantine. C'est encore de Ravenne qu'étaient venus
les chapiteaux. Les artistes de l'époque, conscients de
leur propre infériorité, n'avaient guère d'autre ressource
que de piller les ruines romaines.

Byzance, au contraire, étalait aux yeux du voyageur
émerveillé le spectacle de ses palais, de ses églises et de
ses statues. Bâtie, comme Rome, sur sept collines, il
n'était pas un endroit dans son vaste périmètre qui ne
contînt quelque magnifique œuvre d'art. On connaît
l'éblouissement des croisés dont Villehardouin et Robert
de Clari se sont faits les échos, quand ils furent mis en
présence de ses splendeurs (1).

(1) ROBERT DE CLARI, éd. Hopf, § 82.
VILLEHARDOUIN, éd. de Nailly, § 192 : « Or vous pouvez savoir que
beaucoup de ceux de l'armée allèrent voir Constantinople, et les
riches palais et les hautes églises dont il y avait tant, et les grandes
richesses (car jamais en nulle ville tant n'y en eut !). Des reliques il
n'en faut point parler, car en ce jour il y en avait autant dans la
ville que dans le reste du monde. »

Au coin des rues, sur l'hippodrome, se dressaient des statues antiques. Les églises élevaient vers le ciel leurs coupoles d'or. L'audace des artistes ne connaissait pas de limites. Vainement les éléments semblaient se conjurer pour l'éteindre. C'est ainsi que la fameuse basilique de Sainte-Sophie fut plusieurs fois endommagée par des tremblements de terre. Chaque fois elle se relevait avec des proportions plus imposantes. A l'intérieur, c'était une profusion de mosaïques et de marbres, de tentures et d'émaux d'une richesse inouïe.

La vie des Grecs était large et brillante, elle donnait beaucoup de place à l'art, aux jeux, aux spectacles, et contrastait avec les misères de l'Occident miné dès ses origines par des guerres incessantes, saccagé maintenant par les Normands et subissant une pénible dislocation sociale.

Au mépris que les avantages de leur civilisation inspiraient aux Grecs pour les Latins, des difficultés politiques vinrent ajouter la haine déclarée. Le prestige de l'unité romaine, telle que l'avait définie Théodose, avec son centre à Byzance, avait survécu dans tous les esprits à l'effondrement de l'Empire d'Occident. Il avait imposé une crainte respectueuse aux plus farouches barbares eux-mêmes. Quand Odoacre s'était emparé de Rome, il avait envoyé à Byzance les insignes de l'Empereur qu'il venait de détrôner (1). Il avait reçu en retour le titre de patrice qui, tout en l'honorant beaucoup, faisait théoriquement de lui le délégué et le subordonné de l'Empereur d'Orient. Clovis s'était trouvé dans une situation analogue. Après ses conquêtes il avait accepté le titre de patrice, reconnaissant ainsi qu'elles constituaient une usurpation sur la souveraineté romaine. Charlemagne osa le premier prendre le titre d'empereur. Ce ne fut pas sans de nombreuses hésitations. Quand il s'y fut décidé, il fut pris de scrupules et envoya des explications à Byzance. La nouvelle de son couronnement y produisit

(1) Rapprocher de cette attitude la parole du roi des Goths Athanaric : « Cui l'Empereur est un dieu céleste, et quiconque lève la main sur lui mérite la mort ! » (JORDANÈS, XXVIII.)

la plus vive émotion. On le considéra comme un usurpateur. Si on usa de ménagements avec lui, ce fut à
cause de sa puissance et de la crainte qu'elle inspirait.
Mais les Byzantins se sentirent profondément atteints
dans leur amour-propre. Le dépit provoqué par la méconnaissance de leur souveraineté les remplit d'une haine
intense pour tout l'Occident qui s'en était rendu coupable, en acceptant de vivre sous le sceptre de Charlemagne. Cette haine s'étendit au pape Léon III qui en
couronnant Charlemagne avait consacré en droit le
démembrement de l'Empire romain (1).

Depuis longtemps d'ailleurs, la paix se maintenait
difficilement entre Byzance et Rome. La subtilité et la
mobilité de l'esprit grec étaient un danger permanent
pour l'orthodoxie. Aidés par une langue dont la souplesse était capable de rendre les nuances de la pensée
la plus subtile, les Grecs revenaient constamment sur
les définitions dogmatiques, proposaient de nouvelles
formules et de nouveaux systèmes. Toutes les grandes
hérésies avaient eu leur origine en Orient. Byzance en
avait vu plusieurs prendre naissance chez elle et se déve-
lopper sous l'inspiration de ses patriarches.

La délicate question des rapports de la nature divine
avec la nature humaine en Jésus-Christ avait longtemps
divisé les esprits. A l'hérésie monophysite, succéda
l'hérésie monothélite. Puis de longues et subtiles querelles
s'engagèrent au sujet du culte des images et engendrè-
rent, de la part des empereurs, de cruelles persécutions.

Chacune de ces hérésies amenait un nouveau dissentiment avec les Occidentaux dont l'esprit positif répu-
gnait aux subtilités byzantines et qui vivaient dans une
étroite communion avec le Saint-Siège. Si les Grecs
faisaient peu de cas de l'opinion des Latins, ils étaient
obligés de reconnaître l'influence prépondérante de la
papauté dans le gouvernement de l'Eglise.

Les empereurs avaient compris quel important appui
moral elle pouvait prêter à une puissance séculière, aussi

(1) Cf. Kleinclausz, *l'Empire Carolingien*, ch. ɪ et ɪɪ.

avaient-ils longtemps essayé de mettre la main sur
l'élection pontificale. Leurs efforts étant restés sans
résultat, ils favorisèrent les menées ambitieuses des
patriarches; plusieurs d'entre eux rêvèrent de les dresser
en face des papes et de leur donner dans l'Eglise une
autorité souveraine. Ils espéraient ainsi peser par leur
intermédiaire sur la conscience des peuples, suivant les
besoins de leur politique.

Avec d'aussi hautes protections, les patriarches eurent
le loisir d'édifier sur une longue série d'empiétements
successifs une puissance considérable. La dignité du
patriarcat avait d'abord été réservée aux trois Eglises
d'Alexandrie, d'Antioche et de Rome, qui, déjà au temps
de saint Pierre, constituaient les trois centres du gouvernement de la chrétienté (1). Elle fut dédoublée dans
chacun de ses sièges quand des divisions secondaires
furent rendues nécessaires par l'extension progressive
du christianisme. Mais Byzance ne fut à ses débuts qu'un
simple évêché, dépendant de l'exarchat d'Héraclée en
Thrace. Son importance date du jour où, sous Constantin, ce siège épiscopal devint la capitale de l'Empire.
Soutenus par les empereurs, les évêques de Byzance
travaillèrent sans relâche à accroître leur influence et
leur autorité.

En 381, un concile tenu sous Nectaire leur attribuait
un privilège d'honneur qui les mettait immédiatement
après le pontife romain (2). Quelques années plus tard,
cette prérogative purement honorifique se transformait
dans la pratique en une juridiction sur toutes les pro-
vinces de l'Asie.

Un accroissement de pouvoir aussi rapide éveilla la
défiance des papes, qui, dans un but de paix, consentirent pourtant à ratifier les faits accomplis. Oubliant que
le concile de 381 n'avait pas, par suite d'une négligence
familière à l'Eglise grecque, reçu leur approbation et

---

(1) GRÉG. LE GRAND, *Epist. ad Eulog.*, l. XIII, 41.
(2) « Que l'évêque de Constantinople ait la primauté d'honneur après
l'évêque de Rome, parce que Constantinople est la nouvelle Rome. »
LABBE, t. II, p. 948.

était par conséquent sans valeur canonique, ils concé-
dèrent même au patriarche de Constantinople un droit
de juridiction sur les exarchats.

Cette concession fut l'objet du vingt-huitième canon
du concile de Chalcédoine (451) (1). Elle préparait les
voies à la primauté des patriarches en Orient. Elle ne
réussit pas, toutefois, à satisfaire leur ambition.

En 589, l'un d'eux, Jean le Jeûneur, prend le titre
orgueilleux de *patriarche universel* (2) et le garde en
dépit des protestations de Pélage II et de Grégoire le
Grand. Au concile *in Trullo* (692) (3), ils s'arrogent la
prééminence sur les patriarcats d'Alexandrie, d'Antioche et de Jérusalem et se donnent dans la hiérarchie le
second rang après Rome ; il ne s'agit plus maintenant
d'un privilège honorifique, mais bien d'une extension
effective de leur juridiction.

Rome fit encore preuve de condescendance. Mais ses
rapports avec Byzance devinrent de plus en plus difficiles. Pour qui suivait attentivement les visées ambitieuses des patriarches et les progrès continus de leur
indépendance, il devenait évident que la logique de leur
attitude les amènerait un jour à contester ouvertement
la primauté romaine.

Dans les nombreux démêlés qu'il eut avec le Saint-
Siège, Acace, élevé au patriarcat en 471, déclara à
plusieurs reprises que les papes devaient leur prééminence dans l'Eglise au seul fait d'avoir été les évêques
de Rome à une époque où cette ville était la capitale de
l'Empire. Maintenant que la capitale avait été transférée à Constantinople, c'était aux patriarches, qui en
étaient les évêques, que devait revenir le premier rang.
Cette doctrine audacieuse était insoutenable. Le pape
Gélase l'avait réfutée avec force : « Nous avons ri,
disait-il, de la prérogative qu'on veut attribuer à Acace,
parce qu'il a été évêque de la ville impériale. L'Empereur n'a-t-il pas résidé longtemps à Ravenne, à Milan,

____

(1) Cf. Labbe. t. IV, p. 769.
(2) *Ibid.*, t V, p. 995.
(3) *Ibid.*, t. VI, p. 1160.

à Sirmium, à Trèves, et les évêques de ces villes sont-ils pour cela sortis des limites que l'antiquité leur avait fixées ?... Autre chose est la puissance de l'Empire séculier, autre chose la distribution des dignités ecclésiastiques. Quelque petite que soit une ville, elle ne diminue pas la grandeur du prince qui y réside ; même la présence de l'Empereur ne change pas l'ordre de la hiérarchie (1)...? »

Quelle que fût la rigueur de ce raisonnement, elle n'était pas suffisante pour convaincre les Grecs. La théorie d'Acace sur l'origine du pouvoir pontifical resta dans tous les esprits, malgré la grossière confusion qu'elle impliquait, et fournit des arguments tout prêts contre le Saint-Siège, à ceux qui n'étaient pas d'humeur à recevoir ses ordres.

L'habileté de Photius et de ses complices fut de les reprendre, en confondant sa cause avec celle de l'Eglise d'Orient. Cette attitude était la meilleure pour lui concilier de nombreux partisans. En essayant d'ébranler la primauté romaine et en faisant revivre à ce sujet tous les griefs que les Byzantins avaient contre les Occidentaux, il était sûr d'obtenir la faveur et l'appui de ses compatriotes et de maintenir, fût-ce au prix d'un schisme, la scandaleuse nomination dont il avait été l'objet.

(1) Labbe, t. IV, p. 1207.

CHAPITRE PREMIER

Les débuts de Photius.

Lorsqu'en 842 l'Empereur Théophile mourut, il ne laissait qu'un enfant de trois ans, Michel III. Le gouvernement passa entre les mains de sa femme Théodora, qui fut déclarée régente ; un conseil de régence formé par Théophile lui-même et composé de Théoctistos, de Manuel et de Bardas, frère de l'Impératrice, était chargé de l'assister.

On sortait de la querelle des Iconoclastes qui, après avoir suscité beaucoup de désordres, laissait subsister un profond malaise. Théodora, femme intelligente et forte, comprit la nécessité de ramener l'apaisement dans les esprits. Le culte des Images, qui était resté populaire malgré les persécutions des Empereurs iconoclastes, fut rétabli. Un synode réuni à Byzance jeta l'anathème aux derniers tenants de l'hérésie. Le patriarche Jean, qui l'avait embrassée, fut remplacé par Méthodius ; mais celui-ci ne conserva pas longtemps sa dignité : il mourut quatre ans après.

L'acclamation populaire désigna à sa succession un homme d'illustre naissance et de grande vertu : Ignace. Ignace était un des fils de l'infortuné Michel Rangabé. Dès l'âge de quatorze ans il avait renoncé à la vie profane et s'en était allé vivre au monastère de Satyre où il partageait son temps entre les exercices de piété et l'étude des sciences sacrées. La renommée de sa vertu franchit bientôt les murs du cloître où son humilité l'avait poussé à s'enfermer. Quand le patriarcat de Constantinople devint vacant, elle le désigna à tous les suffrages.

Cependant le jeune Empereur grandissait et arrivait à l'âge où il devrait prendre la direction des affaires. Mais il montrait peu de dispositions pour le rôle difficile qu'il allait être appelé à jouer. De bonne heure il avait montré une nature rebelle à tous les bons instincts, et s'était fait remarquer par les plus singuliers écarts de conduite. Il avait la passion du cirque et on le vit plus d'une fois renouveler le scandale donné jadis par Néron, de conduire lui-même des chars dans l'arène. Il s'abandonnait sans scrupule aux passions les plus grossières et mérita en particulier d'être appelé l'*Ivrogne*. Ses amusements favoris consistaient soit à parodier les cérémonies religieuses, soit à faire mutiler les personnes qui lui déplaisaient.

Bardas, politique profond, mais sans conscience, sut, en flattant ses goûts, capter sa confiance et prendre le gouvernement effectif de l'Empire. Son premier soin fut de se débarrasser de la tutelle gênante du conseil de régence institué par Théophile. Manuel, homme circonspect, avait quitté à temps une situation dangereuse. Théoctistos fut présenté à l'empereur comme un conspirateur : ordre fut donné de l'assassiner. Libre de toute entrave, Bardas gouverna avec vigueur et habileté. Malheureusement, il s'éprit d'une passion monstrueuse pour sa belle-fille. Pour s'y livrer en toute liberté, il répudia sa femme légitime. La chose fut immédiatement connue à Constantinople où elle souleva une réprobation universelle. Le jour de l'Epiphanie de l'année 857, le patriarche Ignace refusa la communion à l'inceste. Outré de ce refus, Bardas jura de se venger. Seule la déposition du patriarche lui parut une vengeance suffisante. Comme Ignace avait la faveur de Théodora, il complota la disgrâce de l'impératrice elle-même. Michel III qui supportait mal les remontrances fréquentes que sa mère lui faisait sur sa conduite et songeait à s'émanciper de sa tutelle, entra sans difficulté dans les vues de son ministre.

Une révolution de palais éloigna Théodora de la cour et la relégua dans un couvent. Ignace fut impliqué dans le complot du moine Nébon, une sorte de fou qui se disait fils d'un premier lit de l'Impératrice Théodora et avait voulu, disait-il, venger la disgrâce de sa mère. Accusé de lèse-majesté, on lui retira le patriarcat et on le relégua dans l'île de Térébinthe.

Bardas, maître de la situation, fit donner son siège à Photius. Photius était un homme de haute naissance (1). Allié par son oncle à Théodora, il remplissait, au moment où se produisit le coup d'Etat de Bardas, la fonction de secrétaire d'Etat, et avait la dignité de protospathaire. Une mission accomplie avec bonheur en Orient lui avait valu cette double charge. Il possédait une science prodigieuse. Son *Murobiblios* qui est un résumé de ses lectures, dénote une érudition aussi variée qu'étendue. Expert dans les sciences sacrées et profanes, il passait auprès de ses contemporains pour l'homme le plus savant de l'Empire. Il possédait une remarquable souplesse d'esprit, des ressources inépuisables de dialectique et une éloquence passionnée qui lui donnait un grand ascendant sur les foules.

Par contre il était dépourvu de tout sens moral et n'avait aucun scrupule sur le choix des moyens à employer, quand son ambition ou son orgueil, qui étaient immenses, étaient en jeu. Aussi, accepta-t-il avec empressement la haute situation que lui procurait Bardas, quoiqu'il ne fût pas clerc et que Ignace, malgré toutes les violences qu'on avait exercées sur lui, se fût obstinément refusé à donner sa démission. En quatre jours on lui conféra les ordres mineurs. Le cinquième, on l'ordonna prêtre ; le sixième, il fut consacré patriarche par l'évêque de Syracuse, Grégoire Asbestas. Ce dernier avait été déposé par Ignace et, malgré l'appel qu'il avait interjeté à Rome, n'avait aucun pouvoir canonique.

L'injustice évidente de la déposition d'Ignace et les

(1) Photius, né en 815, mort en 891 à Bordi (Arménie). Il était fils du spathaire Sergius et d'Irène. Le patriarche Taraire était son grand-oncle. Arsaber, l'un de ses oncles, avait épousé Salomaria, une sœur de Théodora et de Bardas.

irrégularités dont l'élection de Photius était entachée rencontrèrent immédiatement des contradicteurs. Emus du triste sort d'Ignace et indignés tant de l'élection d'un laïque, qui était contraire au dixième canon du concile de Sardique, que de la consécration sacrilège de Grégoire Asbestas, plusieurs évêques, sous la direction de Métrophane, s'assemblèrent en synode dans l'église Sainte-Irène et anathématisèrent l'intrus. Photius réunit ses fidèles dans l'église des Saints-Apôtres et répondit à cet anathème par une confirmation solennelle de la déposition d'Ignace et par l'excommunication de ses adversaires.

Cependant, ses droits restaient douteux pour la masse. De plus, l'élection du patriarche n'était valable que lorsqu'elle avait été confirmée par le Saint-Siège. Photius vit dans cette nécessité un moyen possible de faire reconnaître son élection par tous. Il chercha à obtenir par surprise l'approbation du pape, dans l'espoir qu'elle rendrait sa situation régulière et ferait taire toutes les protestations.

En 859 partit pour Rome une ambassade chargée de transmettre sous un jour favorable à l'usurpateur la nouvelle des événements accomplis et d'en solliciter la reconnaissance. Pour se ménager les bonnes dispositions du pape, elle devait en outre demander des représentants pour un concile éventuel destiné à mettre fin aux querelles iconoclastiques. Rien n'avait été épargné pour endormir la défiance du Saint-Siège. Les ambassadeurs étaient tous des personnages importants. C'étaient Méthodius, métropolitain de Gangres, Samuel, évêque de Thomæ, Zacharie et Théophile d'Amorion, deux évêques dont le pape ignorait la récente déposition par Ignace et le protospathaire Arsavir. Ils portaient de riches présents dont le *Liber Pontificalis* nous a laissé la description détaillée (1) : c'étaient des vases enrichis de pierreries et de somptueux ornements ecclésiastiques. La lettre de Photius était pleine de respect et

____

(1) *Liber Pontificalis*, éd. Duchesne, t. II, 1892, p. 154.

d'humilité. Il rappelait son indignité, gémissait sur la violence qu'on lui avait faite en l'élevant au patriarcat et protestait de son dévouement filial au Saint-Siège. Entrant dans l'exposé des faits, il disait qu'Ignace s'était retiré volontairement à cause de son grand âge. Lui-même avait été désigné pour le remplacer. Sur ce point il était extrêmement bref. Il préférait laisser aux ambassadeurs le soin de donner au pape tous les détails complémentaires qu'il désirerait connaître (1).

Cette mise en scène aurait peut-être trompé un homme moins averti que ne l'était Nicolas Ier. Celui-ci fut mis en défiance par l'excès de prévenances dont il était l'objet. Il y avait longtemps que Byzance avait déshabitué la papauté de pareils égards. Un changement aussi complet dans son attitude semblait masquer un dessein inavoué. Nicolas trouva la retraite d'Ignace singulière. Les explications fournies par Photius étaient embarrassées et contradictoires : après avoir expliqué la retraite du patriarche par des raisons de santé, il semblait demander la confirmation d'une déchéance. Nicolas promit sans difficulté d'envoyer des légats au concile qu'on projetait de réunir. Mais soupçonnant qu'Ignace avait été victime de quelque machination, il se refusa de régler son sort sur les seuls renseignements de Photius et des ambassadeurs qu'il avait envoyés. Il voulut avoir au préalable des informations plus sûres. Les légats qui allaient assister au concile de Constantinople furent chargés de les recueillir. Mais il leur fut interdit de juger par eux-mêmes. Le pape s'était expressément réservé le droit de statuer sur le cas d'Ignace. Estimait-il l'affaire trop importante, ou jugeait-il que ses légats n'auraient pas à Byzance la liberté d'esprit nécessaire pour la résoudre? On ne sait. Toujours-est-il qu'il limita de la façon la plus formelle la mission de ses légats. Après leur avoir remis les instructions les plus précises pour le concile, il écrivit deux lettres, l'une à l'Empereur, l'autre à Photius. Il

____

(1) MIGNE, *Patrol. gr.*, t. CII, p. 585.

y faisait connaître ses intentions et, avec le sens politique qui le caractérisait, y laissait percer ses défiances.

Après avoir félicité l'Empereur de son zèle à réprimer
l'hérésie, il ne cachait pas la surprise que lui avait
causée la retraite inopinée d'Ignace et exprimait le
scepticisme que lui avaient inspiré les dires de l'ambassade qui était venue le trouver. Bien loin de se laisser
prendre aux paroles doucereuses de Photius, il les mettait en opposition avec sa conduite, dans des termes
d'une mordante ironie et laissait entendre clairement la
suspicion dans laquelle il tenait son élection. « Votre
lettre, disait-il, nous a causé une grande joie en nous
apprenant que vous êtes catholique... C'est pourquoi
nous en avons rendu grâces à Dieu. Mais nous avons
bien regretté de voir que vous n'avez point continué de
suivre la ligne droite, que vous êtes sorti tout à coup
de l'état laïque pour monter à un poste si élevé, sans
y être passé par les degrés de l'ordre hiérarchique...
Aussi, nous ne pouvons consentir en aucune sorte à
votre consécration, jusqu'au retour de ceux que nous
avons envoyés à Constantinople, afin que nous puis-
sions connaître sur leur rapport votre conduite et votre
amour pour la vérité. Alors seulement, si vous en êtes
digne, nous vous rendrons les honneurs dus à l'évêque
d'un si grand siège, et nous vous embrasserons d'un
amour fraternel (1). »

Il n'était pas possible de parler avec plus de circons-
pection. Les légats arrivèrent à Constantinople au mois
de février 861 et s'apprêtèrent à remplir la mission
assez simple qui leur avait été confiée. Ils rencontrèrent
les plus grosses difficultés. Les Orientaux n'avaient plus
aucun intérêt à cacher leurs véritables sentiments pour
Rome. Ils organisèrent une surveillance étroite autour
des légats et veillèrent à ce qu'ils ne pussent pas com-
muniquer avec les partisans d'Ignace. On fit pression
sur eux pour les amener à se faire les instruments de
Photius. La violence, la corruption furent mises en

---

(1) NICOLAS, *epist. 3*, dans LABBE, t. VIII, p. 276.

œuvre. Les légats n'avaient probablement rien d'héroï-
que ; c'étaient Rodoalde, évêque de Porto, et Zacharie,
évêque d'Anagni. Il leur aurait été difficile, dans leur
faiblesse et leur isolement, de résister aux menaces et
aux promesses répétées de toute une population. Ils se
laissèrent gagner, et consentirent à devenir les auxi-
liaires des manœuvres ourdies par les Grecs.

Le concile se réunit dans l'église des Saints-Apôtres.

Il présentait un ensemble imposant : trois cent dix-
huit évêques, juste le nombre de Nicée, y avaient été
convoqués. L'Empereur y figura en grand appareil avec
toute sa cour. Mais on s'y occupa fort peu des iconoclastes. La complicité des légats, oublieux des prescriptions les plus formelles du pape, permit qu'il y fût
uniquement question d'Ignace.

Ce saint homme, auquel la persécution n'avait rien
enlevé de son courage ni du sentiment de sa dignité, fit
son entrée au milieu d'une profonde attention. Il avait
vainement repoussé la compétence du concile qui le
citait à sa barre ; vainement il en avait appelé au Saint-
Siège. Ses protestations n'avaient pas trouvé d'écho et
il avait été contraint de comparaître comme un coupable. Du moins entendit-il affirmer sa dignité de
patriarche.

Il parut, revêtu de ses ornements épiscopaux, dans
une attitude ferme et digne. D'impérieux reproches
éclatèrent sur son passage. L'Empereur Michel ne put
se contenir à sa vue, et se répandit en invectives. Le
patriarche parut ne pas les entendre, et, son tour étant
venu de parler, il se tourna vers les légats, dans l'espoir
de trouver en eux un appui naturel. Il ignorait leur
prévarication. Aussi ne songèrent-ils pas un instant à
prendre la défense de l'opprimé. Ils lui répondirent
sèchement que sa cause était perdue à Rome et qu'ils
étaient venus pour le juger.

« Alors, reprit Ignace, chassez l'adultère ; ou si vous
ne le voulez pas, ne soyez point juges ! » C'était un
sanglant rappel à l'ordre, une allusion vengeresse aux
prescriptions des canons qui exigeaient qu'un évêque

fût rétabli sur son siége avant d'être jugé. L'assemblée ne s'embarrassa pas pour si peu ; elle invoqua la volonté de l'Empereur et jugea l'explication suffisante. Cependant, elle ne laissait pas d'être déconcertée par la fermeté d'Ignace. Elle se demanda s'il n'était pas dangereux de lui donner l'auréole du martyre ; estimant qu'il était préférable de le travailler en secret, elle donna des ordres pour qu'on essayât de lui arracher une démission qui mettrait fin à toutes les contestations.

Pendant plusieurs jours, Ignace endura les plus odieux traitements. Ils échouèrent contre son inflexible volonté. Il ne cessa de protester contre tout ce qui se faisait et, au plus fort des tortures qu'on lui infligeait, revendiqua sa qualité d'évêque et de patriarche. Les flatteries et les promesses, qui succédèrent à la violence, n'eurent pas plus de prise sur lui.

On se décida alors à un simulacre de condamnation. Soixante-douze témoins — c'était le nombre exigé pour la condamnation d'un évêque — furent subornés et défilèrent devant le concile. Une voix indépendante essaya de s'élever contre ces indignes procédés ; c'était celle du vénérable métropolitain d'Ancyre. Quelques jours après ce courageux prélat fut trouvé mort ; il avait été assassiné par ordre de l'Empereur.

Cette exécution étouffa toutes les protestations et le concile put à sa guise prononcer la déposition d'Ignace. Il se fonda sur le trentième canon des Apôtres : « Si un évêque s'est servi de la puissance séculière pour se remettre en possession d'une église, il doit être déposé et excommunié (1). » C'était tout juste le vice qui entachait principalement l'élection de Photius, que, par une odieuse interversion des rôles, on prétendait découvrir dans celle d'Ignace.

Le concile régla ensuite diverses questions secondaires en leur donnant une solution qu'il jugeait devoir être agréable au pape. Quand il eut achevé ses travaux, les légats reprirent le chemin de Rome.

____

(1) Labbe, t. VIII, p. 1511.

CHAPITRE II

Attitude énergique de Nicolas Ier.

Il restait à faire approuver par le pape les décisions du concile de 861 pour leur donner force canonique. La chose paraissait difficile, étant données la suspicion dans laquelle Nicolas Ier tenait les Orientaux et l'évidente transgression par ses légats de ses ordres les plus formels. Mais Michel III et Photius ne désespéraient pas de lui cacher les irrégularités du concile et d'en obtenir par ruse la ratification. Ils envoyèrent à Rome un ambassadeur sur la fidélité duquel ils pouvaient compter, du nom de Léon. Cet ambassadeur avait pour mission d'annoncer au pape la déposition d'Ignace et de solliciter l'approbation de tout ce qui s'était fait. Il ne doutait pas que ses dires ne trouvassent facilement créance auprès du pape. Car les communications entre l'Orient et l'Occident étaient trop longues et trop difficiles pour qu'ils pussent être commodément contrôlés. D'autre part, l'Empereur s'était assuré de la personne d'Ignace et avait la certitude qu'il ne ferait pas entendre sa voix jusqu'à Rome. C'est donc avec la plus complète assurance que Léon se présenta devant le pape. Il lui remit deux lettres écrites, l'une par l'Empereur, l'autre par Photius.

L'Empereur annonçait la déposition d'Ignace décrétée par le concile à une immense majorité, avec l'approbation des légats et en vertu du trentième canon des Apôtres. Se croyant débarrassé de ce patriarche, il invoquait en faveur de Photius les précédents de saint Ambroise et de Taraise. Avec une feinte humilité, Photius exposait longuement la violence qui lui avait été faite et la nécessité où elle l'avait mis d'accepter une charge dont sa modestie s'effrayait. Avec un manque absolu de logique il ne manquait pas d'ailleurs de plaider par tous les moyens la validité de son élection et de reprendre avec insistance les précédents mis en avant par l'Empereur. Dans des phrases verbeuses il affirmait sa soumission au Saint-Siège, mais prévoyant sans doute qu'elle ne paraîtrait pas suffisante, mettait le pape en garde contre ceux qui seraient portés à la contester. Il venait à Rome beaucoup de gens sans lettres de recommandation ; c'étaient pour la plupart des gens tarés. Il valait mieux les éconduire : « De cette sorte, on obtiendra leur salut, l'ordre sera rétabli, et nous aurons une sollicitude commune pour le bien de l'âme et du corps de tous (1). »

Nicolas Ier ne fut pas dupe de cette littérature hypocrite. Les lettres apportées par Léon et les rapports de ses légats lui montrèrent bientôt qu'en ce qui concernait le jugement d'Ignace, ses instructions les plus précises avaient été totalement méconnues. Il crut devoir se montrer sévère ; les légats furent désavoués ; la nullité du concile de 861 fut proclamée devant l'assemblée du clergé de Rome.

Léon mit tout en œuvre pour faire revenir le pape sur ses rigueurs et essaya même de le corrompre. Toutes ses tentatives échouèrent et il dut repartir dans les premiers jours de l'année 863 sans avoir obtenu d'autre résultat que celui d'aggraver par ses manœuvres la mauvaise cause qu'il était chargé de défendre.

Il ne rapportait que deux lettres écrites en réponse à celles qu'il avait été chargé de transmettre. Sans porter un jugement définitif, Nicolas Ier soulignait avec une grande science canonique les singularités de l'élection de Photius et rappelait avec autorité la doctrine de l'Église. Ignace avait joui sans conteste de sa dignité pendant douze ans. Il était passé par tous les degrés hiérarchiques et avait été élu à l'unanimité dans un

____

(1) MIGNE, *Patrol. gr.*, t. CII, p. 594.

synode. Il n'avait jamais démérité et l'Empereur lui-même avait reconnu sa vertu. Photius, au contraire, avait été subitement élevé de l'état laïque à la dignité de patriarche. Les précédents qu'il invoquait en sa faveur ne prouvaient rien. Nectaire avait été choisi, dans l'impossibilité où l'on était de trouver un ecclésiastique qui ne fût pas suspect d'hérésie. Taraise devait son élection à des services éminents rendus à l'Eglise. Encore le pape Adrien avait-il fait les plus expresses réserves sur sa promotion : « Si vous n'aviez pas montré tant de zèle, avait-il dit, pour le rétablissement des images contre ceux qui les foulaient aux pieds, nous n'aurions jamais consenti à votre consécration, et nous ne vous aurions pas reçu au titre de patriarche ; car une telle promotion, *si irrégulièrement faite, est contre les décrets apostoliques* (1). » Saint Ambroise avait été désigné par un miracle.

Le pape exhortait l'empereur, en finissant, de mettre fin aux querelles religieuses à Byzance. Il expliquait paternellement à Photius que, s'il était prêt aux plus larges concessions, il ne pouvait aller contre la doctrine consacrée par les canons et admettre qu'un laïque fut élevé au patriarcat (2).

Cependant, la condamnation portée par le concile de 861 contre Ignace, avec l'assentiment des légats, pouvait avoir donné le change à beaucoup d'esprits. Il était vraisemblable d'autre part que Michel et Photius tiendraient secrètes les lettres que le pape venait de leur adresser et qui étaient le désaveu de leur attitude. Nicolas crut devoir faire connaître publiquement quelle était la véritable situation d'Ignace. Dans une lettre adressée aux fidèles d'Orient, il exposa que les actes du concile de 861 étaient canoniquement inexistants. Le concile avait tranché, sans mandat, une cause dont le pape s'était réservé le jugement définitif. Par conséquent,

______

(1) LABBE. VIII, p. 122.
(2) Voir sa lettre à Michel dans LABBE, t. VIII, p. 279, et sa lettre à Photius, *ibid.*, p. 282.

Ignace devait être tenu pour le véritable patriarche, jusqu'à ce qu'une sentence régulière eût été prononcée contre lui (1).

Photius s'efforça d'atténuer la portée de cette circulaire qui était sa propre condamnation. Comme il n'avait pu réussir à en empêcher la publication, il eut recours, s'il faut en croire Nicetas (2), à un stratagème audacieux, pour regagner la confiance de l'opinion. Un aventurier nommé Eustrate consentit, moyennant finances, à se faire passer pour un envoyé du pape, chargé d'apporter la condamnation d'Ignace et des excuses à Photius, pour la suspicion injustifiée et imputable à des malentendus, dans laquelle il avait été tenu. Eustrate joua admirablement son rôle. Il remplit le mandat supposé qu'il avait accepté en plein Patriachéion. Michel et Bardas furent eux-mêmes dupés de la supercherie de Photius. Elle ne fut découverte que plusieurs jours après. Bardas et Michel, furieux d'avoir été joués, se vengèrent en faisant fustiger Eustrate. Photius seul ne fut pas inquiété. Sa manœuvre avait échoué ; mais elle avait eu pour résultat de déchaîner une nouvelle persécution contre Ignace.

Le patriarche était soumis à la plus odieuse surveillance, tant était grande la crainte qu'il ne fît connaître au pape les affaires de Byzance sous leur vrai jour. Cependant, un de ses fidèles, Théognoste, réussit à fuir Byzance, porteur d'un libelle d'appel en cour de Rome, rédigé par son maître. Théognoste atteignit Rome après une véritable odyssée. Le libelle qu'il apportait et les renseignements oraux qu'il donna, révélèrent dans tous leurs détails les agissements de Photius. Ils permirent à Nicolas Ier d'apprécier à quelles criminelles compromissions ses légats s'étaient prêtés. Leur prévarication éclata dans toute son étendue. L'ordination sacrilège faite par Grégoire Asbestas fut dévoilée, ainsi que les tortures que l'on avait fait subir à Ignace. Il ne

____

(1) LABBE, t. VIII, p. 277.
(2) LABBE, t. VIII, p. 1215.

subsistait plus aucun doute sur l'intrusion de Photius.

Devant la gravité de la situation, Nicolas réunit un concile dans l'église de Saint-Pierre, puis dans celle de Latran. Tous les évêques de l'Italie y furent convoqués. Les légats prévaricateurs furent cités à sa barre. Rodoalde étant en mission en France, Zacharie fut seul à comparaître. Il avoua sa faute, fut frappé d'anathème et déposé.

Ses aveux qui concordaient avec la lettre d'Ignace ne laissaient aucun doute sur les criminelles tentatives de Photius et sur l'intervention sacrilège de Grégoire Asbestas dans sa consécration. Les deux complices furent excommuniés et Ignace déclaré seul patriarche légitime de Constantinople (1). Photius n'était pas homme à se soumettre avant d'avoir épuisé tous les moyens de résistance qui étaient à sa disposition. Il s'efforça tout d'abord de détruire l'effet de la condamnation qui le frappait. Une campagne savante fut organisée par ses soins dans le but d'en atténuer la portée, puis d'en montrer le caractère illégitime. Déjà on essayait de soulever les populations contre Rome en leur montrant qu'elle n'avait aucune qualité pour s'ingérer dans les affaires de Byzance. Photius mit son ardente éloquence à dénoncer ce qu'il appelait déjà « *l'autorité tyrannique du pape* ». Avec le concours de Bardas, il ouvrit une violente persécution contre ceux qui refusèrent de croire aveuglément à la légitimité de son patriarcat. La violence, la corruption eurent raison de beaucoup de résistances. D'autres devinrent les partisans de Photius en obéissant aux vieilles rancunes qui couvaient contre Rome au fond de la plupart des esprits.

Non content d'arracher aux siens l'approbation de sa conduite et la reconnaissance de sa dignité, Photius résolut de tirer de Rome une vengeance éclatante. Justement les circonstances étaient les plus favorables. Nicolas Ier était aux prises, en Occident, avec de gra-

(1) LABBE, t. VIII, p. 288.

ves difficultés. Lothaire II avait répudié sa femme légitime Thietberge pour épouser une autre femme du nom de Valdrade. Une assemblée de prélats complaisants, réunie à Aix-la-Chapelle, avait par trois fois consacré la déchéance de Thietberge et donné toute liberté à Lothaire. Thietberge se réfugia en France auprès de Charles le Chauve et implora la protection du pape. Nicolas Ier envoya deux légats avec mission de réunir un concile à Metz pour faire une enquête contradictoire sur l'affaire. Le choix de l'un de ces légats était particulièrement malheureux. C'était Rodoalde, le même qui s'était laissé corrompre à Constantinople en 861. On peut à bon droit s'étonner de la confiance que lui témoigna un homme aussi clairvoyant que l'était Nicolas Ier. Il est vrai que le pape ignorait encore toute l'étendue de sa trahison. Cependant, l'infidélité avec laquelle le légat avait rempli sa mission, aurait dû faire concevoir à son sujet des doutes plus sérieux.

Rodoalde se laissa corrompre une seconde fois ; son compagnon l'imita. Les membres du concile, qui étaient acquis à Lothaire, prononcèrent la confirmation pure et simple de la décision du concile d'Aix-la-Chapelle. Gonthier, archevêque de Cologne et Teutgaud, archevêque de Trèves, furent chargés de la transmettre au pape et d'en demander la ratification. Quand les deux envoyés du concile arrivèrent à Rome, Nicolas connaissait déjà le scandale de Metz. Il les déposa séance tenante.

Ceux-ci, furieux de leur condamnation, s'adressèrent à l'empereur Louis II qui était à Bénévent et le poussèrent à venger l'injure qu'ils disaient avoir été faite en leur personne à son frère. Louis marcha sur Rome et obligea le pape à se réfugier dans l'église de Saint-Pierre.

Photius, qui était au courant de ces événements, essaya de les faire tourner à son profit. S'imaginant, d'après les propos des deux archevêques, que tout l'Occident était soulevé contre le pape, il poussa l'Orient à la rébellion. Sous son inspiration, Michel III écrivit au pape une lettre insolente dans laquelle, après lui avoir fait remarquer l'honneur qu'il lui faisait en lui écrivant, il le menaçait, s'il ne révoquait point l'anathème qu'il avait lancé contre Photius, d'envahir l'Italie et de marcher sur Rome. Nicolas ne se trompa pas sur le véritable auteur de la lettre. Sans se laisser effrayer par les menaces qu'elle contenait, il rédigea une réponse pleine à la fois de douceur et de fermeté dans laquelle, après avoir rappelé l'obstination de Photius, il déclarait ne pas pouvoir transiger sur le terrain de la doctrine catholique.

Michel ne mit pas d'ailleurs ses projets belliqueux à exécution. L'Occident n'avait pas persévéré dans ses sentiments de révolte, Des excommunications lancées par Nicolas Ier avaient amené les mutins à résipiscence. L'ordre et la paix revenaient peu à peu. La coalition de toute la chrétienté rêvée par Photius était disloquée et, moins que jamais, l'énergique Nicolas Ier ne paraissait pas près de céder.

Pour comble de malheur, Photius perdit au même moment l'un de ses plus fermes appuis. L'importance croissante de Bardas avait fini par porter ombrage à Michel, qui, le 29 avril 866, le faisait assassiner. Photius qui avait depuis longtemps partie liée avec le tout-puissant ministre, craignit un instant pour lui-même. Mais ses bassesses désarmèrent Michel. A peine avait-il appris la mort de son ancien protecteur, il s'était fait l'accusateur de sa mémoire. « Il en est, écrivait-il à Michel, qui, comblés de faveurs, de dignités et de richesses, ne devraient plus que jouir de ce qu'ils possèdent, reconnaître leur médiocrité, louer leur bien-faiteur, et lui vouer une profonde vénération ; mais, tourmentés par une cupidité insatiable et par la soif du pouvoir, ils osent lever la tête contre leur bienfai-teur. De là il arrive que non seulement ils sont déchus de leurs espérances et frustrés des biens qu'ils rêvaient, mais encore qu'ils perdent par leur folie ce qu'ils possèdent déjà. Tel est, comme nous l'apprenons par vos lettres, cet homme vil et abject, car je ne sais quel

autre nom lui donner, en me rappelant la misère
humaine (1). » Cette tirade fut au goût de Michel :
Photius conserva son siège.

L'impression produite à Byzance par la mort tragi-
que de Bardas et l'attention que Rome avait dû donner
aux affaires d'Occident, avaient momentanément fait
perdre de vue la question du patriarcat de Constantinople. Cependant, cette question subsistait dans toute
son acuité. Photius excommunié ne se maintenait sur
son siège que par la terreur et Rome ne pouvait sans
se démentir elle-même tolérer le scandale qu'il donnait
par sa rébellion. Aussi bien Nicolas ne désespérait pas
de ramener la concorde au sein de son Eglise. Ce fut lui
qui reprit le premier les négociations. Au mois de
novembre 866, il envoyait à Byzance, par l'intermédiaire de deux légats, une volumineuse correspondance.
Avec une admirable variété de ton et un sens très exact
des situations, il s'adressait successivement à chacun
des auteurs du drame qui se déroulait à Constantinople.

Il reprochait affectueusement à l'Empereur la lettre
injurieuse qu'il lui avait écrite l'année précédente et
renouvelait avec précision l'exposé des irrégularités
inacceptables qui viciaient l'élection de Photius. Il
conseillait à Bardas, dont il ignorait la mort, de se
faire le protecteur des humbles et des petits et de mettre sa grande puissance au service de l'Eglise. Il
essayait d'ébranler Photius en lui rappelant la parole
sévère de l'Evangile : « *Que sert à l'homme de gagner
le monde, s'il vient à perdre son âme ?* »

L'impératrice Eudoxie et le Sénat reçurent chacun
une lettre dans laquelle ils étaient priés d'user de toute
leur influence pour amener un état de choses conforme
aux lois de l'Eglise. Enfin, Nicolas Ier adressait de tou-
chantes consolations aux victimes des derniers événements : Théodora et Ignace (2).

Mais ces lettres n'arrivèrent pas à destination. Les

---

(1) Migne, *Patrol. gr.*, t. CII, p. 728.
(2) On trouvera le texte de ces huit lettres dans Labbe, t. VIII,
p. 326-384.

légats auxquels elles avaient été confiées furent arrêtés sur les frontières de l'Empire. Des difficultés surgies en Bulgarie venaient d'envenimer les choses et de surexciter Michel contre Nicolas. Dans sa colère, l'Empereur avait donné l'ordre de ne pas laisser pénétrer les envoyés de Rome dans ses états.

Les Bulgares s'étaient convertis au catholicisme dans des circonstances quasi miraculeuses. Au temps de l'impératrice Théodora, la sœur du roi Boris avait été faite prisonnière et emmenée à Constantinople. Elle y avait été l'objet des égards les plus flatteurs et s'y était convertie au christianisme. D'autre part, un moine du nom de Théodore Tuphara ayant été fait prisonnier par les Bulgares, s'était acquis par ses talents et ses vertus la confiance de Boris qui en avait fait son principal conseiller. Théodore prêcha sa foi et fit de nombreuses conversions ; il ne réussit pas cependant à faire renoncer le roi au culte des idoles. Mais à quelque temps de là, un échange de prisonniers ayant eu lieu entre Byzance et la Bulgarie, et le moine grec et la princesse bulgare étant revenus chacun dans leur pays, la princesse trouva chez elle une évangélisation fort avancée. Elle la continua. Son frère se convertit à son tour ; divers prodiges avaient triomphé de ses hésitations (1). Une famine avait cessé après une invocation au Dieu des chrétiens. A quelques jours de là, un moine artiste qu'il avait fait venir de Byzance pour décorer son palais de Nicopolis l'avait épouvanté par la peinture du Jugement dernier. Boris avait demandé le baptême, et sa conversion avait déterminé celle d'un grand nombre de ses sujets. La Bulgarie devint un pays chrétien, Byzance lui fournit des prêtres et des évêques, et en fit une province de son patriarcat.

Mais les Bulgares se lassèrent vite des créatures de Photius qui n'étaient pas toujours recommandables. Ils apprirent ensuite dans quelle situation irrégulière ce patriarche se trouvait vis-à-vis de l'Eglise. Ils tenaient

(1) BARONIUS, *Annales eccles.*, ann. 845, n. 7.

en outre à avoir une organisation religieuse autonome. Au mois d'août de l'année 866, ils envoyaient une ambassade auprès du pape pour le prier de la leur accorder. Nicolas Ier fit aux envoyés bulgares un accueil chaleureux. Il promit d'envoyer des missionnaires en Bulgarie et d'y créer un patriarcat (1) quand l'évangélisation du pays serait suffisamment avancée. Pour l'instant, il allait députer deux légats pour prendre connaissance de la situation exacte.

Les Bulgares adressèrent au pape plusieurs questions concernant divers points de discipline. Initiés à celle des Grecs, ils avaient des doutes sur sa légitimité. Nicolas Ier rédigea à leur usage une admirable instruction en cent six paragraphes. Elle était inspirée par le plus pur esprit évangélique. L'enseignement qui s'en dégageait était que les questions rituelles sont choses secondaires, et que le chrétien doit surtout s'appliquer à la pratique de la justice et de la charité (2).

Deux légats furent désignés pour aller en Bulgarie. Ils firent route avec ceux qui étaient chargés de porter à Constantinople la correspondance par laquelle Nicolas Ier essayait d'entrer de nouveau en pourparlers avec Michel et Photius. Mais ceux-ci connaissaient déjà les propositions que les Bulgares avaient faites à Rome. En les acceptant, le pape privait Michel d'un moyen d'action sur des voisins remuants et réduisait considérablement la juridiction spirituelle de Photius. L'amoindrissement de leur autorité respective causa à l'Empereur et au patriarche un violent dépit. Attribuant au pape un état de choses qui dérivait uniquement de la libre volonté des Bulgares, ils résolurent de se venger sur lui.

On a vu comment Michel fit interdire l'accès de son royaume aux légats qui portaient des propositions de suprême conciliation. Ceux-ci insistèrent vainement. Les ordres de l'Empereur étaient formels, on refusa de les

(1) Boris avait instamment demandé cette création. Il s'imaginait qu'elle ferait de lui l'égal de l'empereur de Byzance.
(2) LABBE, t. VIII, p. 516.

laisser passer ; et comme ils essayaient de résister, les mauvais traitements d'une population hostile les obligèrent bientôt à reprendre le chemin de Rome, sans qu'ils eussent pu remplir la mission qui leur était confiée.

Photius qui s'était borné jusque-là à la résistance passive aux ordres du Saint-Siège, crut le moment venu de prendre l'offensive. Il ne lui suffit plus d'épiloguer sur la condamnation qui le frappait et de chercher à en atténuer le sens ; il résolut d'en finir avec Rome, en repoussant nettement son autorité.

CHAPITRE III

La question du « Filioque », premier exil de Photius.

L'Eglise d'Orient différait de l'Eglise d'Occident par quelques usages ; c'est ainsi qu'elle admettait le mariage des prêtres et n'obligeait pas ses fidèles à jeûner le samedi. En revanche, elle avait un carême plus long et plus rigoureux. De plus elle avait adopté une formule différente, mais orthodoxe, sur la procession du Saint-Esprit.

La divinité de la troisième personne de la Sainte Trinité avait été vivement attaquée au cours du IV⁸ siècle. Les Ariens, après avoir contesté la divinité du Verbe, lui appliquaient dans le sens le plus étroit le verset de saint Jean : « *Tout a été fait par lui et rien n'a été fait sans lui.* » Il en résultait que le Saint-Esprit était une créature du Fils et n'était par conséquent pas Dieu. Macédonius, évêque de Constantinople, et Marathonius, évêque de Nicomédie, se firent les propagateurs de l'hérésie. Ils rencontrèrent un vigoureux contradicteur dans la personne d'Athanase qui les prit à partie dans sa *lettre à Sérapion.* S'appuyant sur l'autorité des Pères, ce savant docteur démontra que la troisième personne de la Sainte Trinité est « *égale et consubstantielle aux deux premières* ».

Divers synodes tranchèrent la question dans le même sens qu'Athanase, et Macédonius fut solennellement condamné au concile œcuménique de Constantinople de 381. L'Eglise y affirma sa foi « *au Saint-Esprit... qui procède du Père* (1) *et qui est adoré et glorifié conjointement avec le Père et le Fils.* »

____

(1) JEAN, XV, 26.

En promulguant cette définition, l'Eglise s'était surtout préoccupée de réagir contre l'hérésie arienne. Mais elle restait muette sur la question de savoir quelles étaient en Dieu, une fois admise la divinité des trois personnes, les relations du Fils avec le Saint-Esprit. L'Orient et l'Occident la résolurent par deux formules légèrement différentes par la forme, équivalentes dans le fond. L'Eglise grecque professa que le Saint-Esprit procède du Père *par* le Fils. Deux conciles espagnols réunis à Tolède au ve et au vi^e siècle enseignèrent que le Saint-Esprit procède du Père *et* du Fils, *Filioque*. Cette formule se propagea dans tout l'Occident.

La diversité d'usages qui existait entre les chrétiens d'Orient et ceux d'Occident, non plus que le choix respectif qu'ils avaient fait de formules un peu différentes de forme sur un point qui n'avait pas été défini, n'avaient jamais fait obstacle par eux-mêmes à l'entente des deux Eglises. Photius affecta de les considérer comme des divergences essentielles et en fit le point de départ d'un schisme.

Dans sa célèbre lettre aux Orientaux (1), il se pose en défenseur de l'orthodoxie et accuse l'Eglise d'Occident d'hérésie. Il la prétend infectée de judaïsme, parce qu'elle jeûne le samedi, et de manichéisme, parce qu'elle interdit le mariage à ses prêtres. Il lui reproche son relâchement, à cause du peu de durée de son carême et de l'usage qu'elle autorise de divers aliments, tels que les œufs et le fromage, durant ce temps de pénitence. Puis il flétrit l'addition du *Filioque* aux canons de Nicée et accuse hardiment le pape. Il a compromis la discipline et laissé altérer le dogme. Il n'est pas de malheur qui ne lui soit imputable; il est allé jusqu'à dévoyer les Bulgares. « Les Bulgares, nation barbare et ennemie de Jésus-Christ, s'étaient laissé adoucir par la connaissance de Dieu, à un tel point qu'ils avaient renoncé à toutes les orgies diaboliques de leurs pères, et à toutes les superstitions du paganisme, pour

____

(1) Migne, *Patrol. gr.*, t. CII, p. 618.

embrasser la foi chrétienne. Mais, ô crime ! ô conseil perfide ! ô entreprise odieuse et impie ! Ce récit qui devait être une heureuse nouvelle pour tous, nous fait baisser les yeux de honte ; notre joie s'est convertie en tristesse et en larmes. Cette nation avait embrassé depuis deux ans la religion chrétienne que des hommes impies, exécrables, des monstres, car je ne sais quel nom leur donner — hélas ! comment pourrai-je continuer ? — ces hommes sont donc venus tout à coup vers ce peuple nouvellement converti comme un éclair, un tremblement de terre, ou pour me servir d'un terme plus rapproché de la vérité, ils sont venus comme des bêtes sauvages pour ravager la vigne du Seigneur nouvellement plantée, pour la déchirer avec leurs dents et l'écraser de leurs pieds. » La conclusion est qu'il faut s'affranchir de l'autorité d'un pape hérésiarque et prévaricateur.

Photius ne s'oublie pas lui-même dans ses accès d'indignation et comme première mesure d'émancipation il propose à ses compatriotes l'acceptation sans réserve du concile, qu'il déclare œcuménique, de 861. Cette acceptation consacrera définitivement son usurpation et fera taire les scrupules de ceux qui ont trouvé un peu sommaire la déposition de son prédécesseur. Puis il essaie de ressaisir la direction des Bulgares et dans une lettre qu'il leur adresse, étale longuement « l'indignité » du pape et l'accuse de sacrilège.

Les Bulgares restèrent sourds à ses sollicitations et communiquèrent au Saint-Siège la lettre qu'il leur avait écrite. Quand il en eut pris connaissance, Nicolas Ier se rendit compte de la gravité de la situation : il se trouvait en présence d'une tentative de schisme caractérisée. Sachant à quel redoutable adversaire il avait affaire, il demanda au clergé de France, qui comprenait alors un grand nombre d'hommes éminents, en particulier Hincmar, archevêque de Reims, un avis motivé sur les objections théologiques soulevées par Photius. Sur l'ordre d'Hincmar et avec l'autorisation de Charles le Chauve, chaque métropolitain français réunit le concile provincial et mit à l'ordre du jour de ses délibérations la question proposée par le pape. Quelques ecclésiastiques se firent remarquer par l'ardeur de leurs convictions et la solidité de leurs réponses. De ce nombre furent Enée, évêque de Paris, Odon, évêque de Beauvais, et surtout Ratram, moine de Corbie, qui composa un volumineux mémoire.

Cet ouvrage se divisait en quatre livres. Les trois premiers étaient consacrés à la question du *Filioque*. L'auteur en faisait une étude approfondie non sans avoir opposé la question préalable aux « empereurs qui se mêlaient de disputer du dogme et des cérémonies de la religion ». Passant ensuite aux divergences d'usages relevés entre les Eglises d'Orient et d'Occident, il montrait leur peu d'importance (1), le péril qu'il y avait eu en les soulignant avec trop d'insistance « à scandaliser les faibles » et démontrait qu'en tout cas la discipline des Occidentaux n'était pas moins austère que celle des Grecs.

Pendant que, à la demande du pape, les membres du clergé de France rédigeaient leurs consultations, les événements se précipitaient à Byzance. La lettre de Photius avait trouvé auprès des Orientaux l'approbation qu'ils donnaient à tous ceux qui prêchaient la révolte contre l'Eglise romaine. Un synode fut convoqué auquel prirent part tous les évêques et tous les patriarches de l'Orient. Il prononça la déposition du pape Nicolas Ier et proclama Photius patriarche universel. Il ne s'agissait plus là du titre sonore que s'était jadis attribué Jean le Jeûneur; c'était une charge effective qui donnait à Photius la juridiction suprême de l'Eglise. On en justifia l'établissement en reprenant la théorie chère aux Orientaux, en vertu de laquelle les papes devaient leur primauté au seul fait d'avoir été les évêques de la capitale de l'Empire. Cette capitale ayant été transférée à Byzance, c'était à l'évêque de cette ville que devait revenir le premier rang dans l'Eglise (2).

---

(1) « Tondre ou raser la barbe et les cheveux, disait-il, sont pratiques indifférentes qui ne méritent pas d'être relevées. »
(2) LABBE, t. VIII, p. 471 et seq.

Le schisme était consommé. Pour le rendre définitif, Photius fit encore expulser de Byzance les légats Dominique et Formose. Quant à lui, il put à juste titre se croire à l'apogée de sa fortune. Mais dans une ville comme Byzance où l'intrigue et la révolution avaient souvent le dernier mot, on était exposé aux retours du sort les plus imprévus. Photius n'attendit pas longtemps pour en faire l'expérience. Au cours même de l'année 867 où s'était tenu le concile qui avait consacré son triomphe, il perdit en la personne de Michel III son plus puissant protecteur. L'Empereur continuait sa vie de débauches et de scandales. Ses prodigalités avaient ruiné le trésor ; son incurie et sa cruauté l'avaient rendu odieux. Une invasion sarrasine qu'il n'avait su ni prévoir, ni arrêter, provoqua contre lui de violentes manifestations. Sous la poussée de l'opinion, il dut associer à l'Empire un des officiers de sa cour, Basile, qui passait pour un homme énergique. Basile se rendant l'objet de la faveur populaire, ne songea plus qu'à se débarrasser de Michel. Une nouvelle invasion s'étant produite, il profita de l'affolement et du trouble des esprits pour le faire assassiner et prendre le titre d'Empereur.

Ce fut la fin de Photius. Il avait toujours été antipathique à Basile qui, malgré sa nature fruste (1), avait le sens politique et redoutait les embarras que cet agitateur pouvait à tout instant causer au gouvernement. Peut-être aussi lui était-il suspect à cause de ses relations antérieures avec Michel. Quoi qu'il en soit, il fut bientôt relégué au monastère de Skepi.

On a dit qu'il s'était attiré cette disgrâce en refusant de donner la communion au meurtrier de Michel III. Ce refus de communion visiblement destiné à servir de contre-partie à celui qui, en provoquant la disgrâce d'Ignace, avait été cause de l'élévation de Photius, est une pure légende. Il ne cadre nullement avec le carac-

---

(1) Fils de paysans macédoniens, Basile était, vers sa vingt-cinquième année, venu à Constantinople, où à force d'intrigues et grâce au prestige de sa vigueur physique, il avait fini par entrer au service de l'Empereur. — Cf. A. VOGT, *Basile Ier*, p. 21-47.

tère de Photius. On a vu avec quelle platitude il avait tâché, après le meurtre de Bardas, d'effacer jusqu'au souvenir de relations compromettantes. Il passait avec la plus grande désinvolture d'un camp à l'autre, pourvu qu'il y trouvât son intérêt, et Basile lui-même fut l'objet de ses sollicitations. De plus, dans les nombreuses lettres qu'il adressa de son exil à l'Empereur, il ne fait pas la moindre allusion à un fait dont il aurait été essentiel pour lui de se justifier.

Il est plus probable que Basile voulut ramener la paix dans Byzance en éloignant un homme qui avait mis le trouble dans les esprits et provoqué des persécutions dont les victimes criaient vengeance. L'une d'elles inspirait une profonde pitié : c'était Ignace. L'injustice qui pesait sur lui était flagrante. Il fut rétabli sur son siège patriarcal à la satisfaction générale ; ses partisans qui avaient été exilés furent rappelés de l'exil.

Basile n'entendait pas s'arrêter si tôt dans la voie des réparations. Comptant avec raison que le rétablissement d'Ignace et l'exil de Photius seraient agréables à Rome, il proposa au pape de renouer les relations rompues entre les deux Églises. Il faut croire que les partisans de la primauté romaine étaient restés nombreux à Constantinople et que, seules, les violences de Photius les avaient réduits au silence. On ne s'expliquerait pas autrement qu'un empereur comme Basile, qui avait sans doute été élevé dans la religion chrétienne, mais dont la vie était un tissu d'aventures malhonnêtes ou criminelles, prît l'initiative d'une démarche que beaucoup d'Orientaux pouvaient trouver humiliante, car elle était le désaveu de tout ce qui s'était fait en ces dernières années. Les avantages qu'il espérait reprendre en Bulgarie n'expliquent pas non plus suffisamment une attitude qui dut coûter cher à l'orgueil byzantin.

Les ambassadeurs de Basile arrivèrent à Rome à la fin de l'année 868. Le pape Nicolas Ier était mort l'année précédente. Il avait été remplacé par un pape moins énergique que lui, mais plus diplomate : Hadrien II. Hadrien II convoqua un concile qui anathématisa le

concile de Constantinople et confirma les précédentes
condamnations portées contre Photius (1). C'était indi-
quer clairement qu'il avait la même doctrine que son
prédécesseur. Mais il montra aussitôt qu'il saurait tenir
compte des repentirs sincères pour les égarements
passés. Il promit de reprendre avec Byzance les relations
antérieures, si l'Empereur consentait à la réunion d'un
concile où ceux qui avaient été les partisans de Photius
viendraient abjurer leur erreur et où l'on réglerait les
questions pendantes. Trois légats furent envoyés à
Constantinople pour prendre la réponse de Basile et
assister au concile pour le cas où il serait réuni.
C'étaient Donat, évêque d'Ostie, Etienne, évêque de
Nepi, et Marin, un des sept diacres de l'Eglise romaine.
La nouvelle de leur arrivée provoqua à Constantinople
un enthousiasme indescriptible. Une escorte alla les
attendre sur les frontières de l'Empire. Ils firent leur
entrée dans la capitale, montés sur des chevaux riche-
ment caparaçonnés et conduits en grande pompe au
palais impérial. Une foule immense les suivait en
portant des flambeaux.

Basile, qui semblait avoir pris à cœur de réparer l'af-
front que Michel III avait infligé à leurs prédécesseurs,
se précipita au-devant d'eux avec transport. Il les
embrassa, puis baisa respectueusement les lettres qu'ils
étaient chargés de lui transmettre (2) et en fit lecture à
haute voix. Le pape demandait la réunion d'un concile
pour rechercher ceux qui s'étaient rendus coupables par
leur participation au schisme, condamner les actes du
dernier concile et proclamer solennellement les vérités
battues en brèche au cours des derniers événements.

Ces propositions avaient trop d'importance pour que
l'Empereur pût y faire une réponse immédiate. Il
demanda à réfléchir. Le lendemain, il eut un entretien
secret avec les légats. Après avoir mûrement délibéré,
il accorda la réunion du concile. L'ouverture en fut fixée
au mercredi 5 octobre 869.

<hr>

(1) LABBE, t. VIII, p. 1093.
(2) *Liber Pontificalis*, éd. Duchesne, II, VII.

CHAPITRE IV

Le huitième Concile œcuménique.

Le Concile se réunit dans les galeries hautes de Sainte-Sophie. On y avait exposé les reliques de la vraie Croix et le livre des Évangiles. Les légats occupaient une place d'honneur ; à côté d'eux se tenaient Ignace et les représentants des patriarches d'Antioche et de Jérusalem. L'Empereur était représenté par une commission présidée par le patrice Baanès ; lui-même fut présent en personne aux dernières sessions.

Le concile dura cinq mois et comprit dix sessions (1). Elles se déroulèrent dans la plus fastueuse solennité. Quand les membres du concile eurent pris leurs places respectives, on fit appeler les évêques qui avaient souffert persécution pour Ignace. Ils étaient au nombre de douze ; les légats leur adressèrent leurs félicitations et les firent asseoir suivant leur rang. Ensuite le patrice Baanès se leva et lut au milieu d'un profond silence le discours de bienvenue de l'Empereur. Le cérémonial une fois rempli, on passa à l'examen des questions importantes qui avaient motivé la réunion du concile. La chose n'alla pas sans quelques froissements. Plus d'une fois l'incompatibilité d'humeur qui existait entre les Grecs et les Orientaux se manifesta. Souvent les légats se montrèrent aussi jaloux de montrer leur suprématie que les Grecs l'étaient de montrer leur indépendance. Dès le début Baanès, sur les ordres de l'Empereur,

____

(1) Cf. Hefélé, *Histoire des Conciles*, t. VI, 1871, p. 1-57 (trad. Delarc.)

réclama aux légats les titres qui les accréditaient. Ceux-ci furent surpris du peu de confiance qu'on leur témoignait ; il leur fut répondu que la formalité qu'on exigeait d'eux était une garantie contre l'excès de pouvoir dont s'étaient rendus coupables en 861 leurs prédécesseurs Rodoalde et Zacharie. Malgré le désir qu'il avait de se débarrasser de Photius, l'Empereur trouvait irrégulière la procédure suivie par Nicolas Ier à son égard. Baanès présenta en son nom des observations sur ce fait que Photius avait été condamné sans avoir été entendu.

L'examen de cette question occupa presque toute la première session. La deuxième fut consacrée à l'audition des victimes de Photius. Les dix évêques qui avaient été dépossédés de leur siège avaient rédigé un mémoire où ils retraçaient les persécutions dont ils avaient été l'objet. « Plusieurs, disaient-ils, ont été enfermés avec les païens dans la prison du prétoire, où ils ont souffert la faim et la soif; d'autres condamnés à scier des marbres et frappés, non pas à coups de bâton, mais à coups d'épée ; on nous traitait non comme des prêtres, non comme des hommes, mais comme des corps inanimés, car les coups de pied dans le ventre, arrachant les entrailles, n'étaient comptés pour rien. On nous chargeait de chaînes et de carcans en fer ; après plusieurs jours, on nous donnait du foin pour nourriture. Combien en ont-ils enfermé dans des prisons obscures et infectes, entourés d'hommes qui insultaient à leur malheur ? Combien en ont-ils banni dans les extrémités du monde et chez les infidèles (1) ! »

Dans la troisième session, l'une des plus courtes, on fit les sommations canoniques à deux métropolitains, Théodule d'Ancyre et Nicéphore de Nicée, qui avaient refusé d'abjurer les erreurs de Photius. La quatrième eut un ordre du jour analogue et fut consacrée au procès de deux autres partisans de Photius : Théophile et Zacharie, tous deux évêques. La cinquième eut une importance capitale ; elle fut prise par la comparution de Photius.

____

(1) LABBE, t. VIII, p. 999.

Le patriarche déchu eut une attitude hautaine. L'Empereur l'avait fait revenir de Skepi et le tenait à la disposition du concile. On demanda à Photius s'il désirait s'y rendre spontanément. Il garda le silence. On lui adressa alors une sommation en règle, et on lui dépêcha une députation de six personnes. Photius répondit froidement : « Comme vous ne m'avez jamais appelé au Concile, ma surprise est que vous m'y appeliez aujourd'hui ; je ne m'y rendrai point volontairement (1). » C'était dire qu'il se considérait encore comme patriarche et qu'il refusait de comparaître en accusé devant le concile, à moins qu'il n'y fût contraint par la force. Deux monitions n'ayant pas produit d'effet, c'est à ce dernier parti que l'on se décida.

Il entendit sans mot dire l'acte d'accusation dressé contre lui : On le pressa de répondre. « Le Seigneur, dit-il, entend ma voix sans que je parle. » Vainement, on continua de l'interroger. Les accusations des prélats orientaux, les adjurations de Baanès ne purent vaincre son mutisme. On le renvoya, sans prendre de décision à son égard. La sixième session fut l'une des plus importantes : l'Empereur avait tenu à y assister. On y examina l'élection de Photius au point de vue canonique. Métrophane, archevêque de Smyrne, prit le premier la parole. C'était un vieil ami d'Ignace et l'un des premiers adversaires de Photius ; ou a vu qu'après le premier exil d'Ignace, il avait assemblé un synode pour proclamer ses droits et excommunier l'usurpateur. Il fit un historique des faits et rappelant l'attitude arrogante prise par Photius dans la précédente session, conclut qu'il fallait porter contre lui et ses partisans une condamnation définitive.

Tel ne fut pas l'avis de Basile qui ne voulait pas laisser condamner fût-ce un coupable sans avoir entendu sa défense. Les membres du concile qui désiraient parler en faveur de Photius furent invités à prendre la parole. Ce fut le point de départ d'une violente discus-

<hr>

(1) LABBE, t. VIII, p. 1038.

sion. Enthime et Zacharie qui devaient à Photius l'un,
l'évêché de Césarée, l'autre, celui de Chalcédoine, prirent
hautement la défense de leur protecteur. Ils insistèrent
sur les précédents qui, à leur avis, autorisaient son
élection ; ils rappelèrent que comme lui, Nectaire,
Nicéphore, saint Ambroise étaient passés de l'état laïc à
l'épiscopat. Métrophane répliqua en montrant le caractère exceptionnel de ces élections et contesta qu'elles
eussent quelque rapport avec celle de Photius. Celle-ci
se compliquait d'une usurpation. Une grande confusion
régnait dans le débat. L'Empereur prit la parole, fit
appel au calme de tous. Sa harangue fut fort applaudie,
mais on se sépara sans avoir pris de décision.

Dans la septième session, on décida de nouveau d'entendre Photius. Il fit son entrée accompagné de Grégoire
Asbestas, mais cette fois encore il refusa de parler.
Dans les deux sessions suivantes, le concile cita à sa
barre les derniers hérétiques ; ils se soumirent presque
tous. La dixième et dernière séance fut aussi la plus
solennelle. Elle fut consacrée à la rédaction des canons
et elle se termina par un discours de Basile. Les décisions du concile de 870 ont la plus grande importance.
Elles sont l'expression du triomphe de l'Eglise romaine.
La condamnation de Photius et de ses partisans y est
solennellement renouvelée. Chacune des irrégularités
qui avaient entaché son élection y est l'objet d'une nouvelle censure. Enfin le concile proteste contre l'intrusion
trop fréquente à Byzance du pouvoir civil dans les
matières ecclésiastiques ; l'Empereur lui-même reçoit de
sévères avertissements. « Quant à vous (les laïques),
soit que vous soyez constitués en dignité, soit que vous
soyez simples particuliers, que vous dirais-je, sinon
qu'il ne vous est pas permis de disputer des matières
ecclésiastiques ?... Examiner les matières ecclésiastiques, les approfondir, c'est l'affaire des patriarches, des
évêques et des prêtres, qui ont en partage le gouvernement de l'Eglise, qui possèdent le pouvoir de sanctifier, de
lier ou de délier, puisqu'ils ont reçu les clefs de l'Eglise
et du ciel ; mais ce n'est pas votre affaire à vous qui

avez besoin d'être déliés ou délivrés de vos liens. Le laïque, quelles que soient l'étendue de sa sagesse et la la conviction de sa foi, ne cesse pas d'être brebis et l'évêque, quelle que soit la médiocrité de son mérite et de ses vertus, ne cesse pas d'être pasteur, tant qu'il est évêque et qu'il prêche la parole de vérité (1). »

Si légitimes que fussent ces paroles, elles étaient à Byzance trop extraordinaires pour n'être pas remarquées. En les entendant, les Orientaux se sentirent humiliés. Ils étaient habitués à plus d'indépendance vis-à-vis du Saint-Siège. Et bien que les actes du concile fussent leur œuvre à peu près exclusive, ils se demandèrent s'ils n'avaient pas opéré leur propre asservissement. L'Empereur surtout jugeait exagérées les concessions qu'il avait faites. Il estimait payer trop cher par sa sujétion la paix religieuse de son Empire.

Les membres du concile n'avaient pas encore quitté Constantinople, qu'il essayait de ressaisir en sous-main des moyens de relever son prestige.

Il fit effacer d'une lettre d'Hadrien qui avait figuré parmi les pièces du concile le titre d'empereur qui était donné à Louis II. C'était une façon de protester contre un ordre de choses que Byzance n'avait jamais accepté, mais qui, à son grand déplaisir, avait eu l'approbation de la papauté. Les légats se récrièrent ; on les calma en leur disant qu'il ne fallait s'occuper dans un concile que de ce qui avait trait à la louange de Dieu. Une formalité qui avait beaucoup coûté à l'orgueil byzantin avait été l'obligation requise pour tous les prélats de signer un acte d'adhésion à la communion romaine. Ces actes étaient écrits sur des libelles que les légats conservèrent précieusement par devers eux. Aux yeux de Basile, ils constituaient la preuve matérielle de l'abaissement de son Eglise. Il essaya de les faire enlever frauduleusement aux légats, ce qui amena une nouvelle querelle. L'Empereur s'attira une verte leçon des envoyés d'Hadrien II : « Il n'est pas digne d'un empereur,

(1) LABBE, t. VIII, p. 1151.

lui dirent-ils, de détruire ce qu'il a fait, puisque ces libelles ont été donnés de votre consentement, si vous vous en repentez, déclarez-le ouvertement, mais si vous avez bien fait, comment souffrez-vous la soustraction de ces libelles ? »

Quelques jours après, une contestation plus grave s'éleva. Les Bulgares trouvaient que Rome mettait trop de lenteur à leur donner un patriarche. Impatientés ils envoyèrent une ambassade porter leurs réclamations au concile de Constantinople. C'est dans une conférence particulière et en présence des légats qu'on donna audience aux envoyés bulgares. Une question préliminaire se posait : celle de savoir à quelle église les Bulgares se rattachaient. Eux-mêmes ne le savaient pas au juste. Il n'y avait jamais eu chez eux de hiérarchie constituée ; ils avaient été seulement visités par des missionnaires venus en même temps de Rome et de Byzance.

Les légats et les Byzantins s'obstinèrent à revendiquer, chacun pour le compte de leur église, la direction spirituelle de la Bulgarie. Les premiers prétendaient que cette nation s'était librement confiée au Saint-Siège. Les seconds invoquaient le droit du premier occupant. Les légats répliquèrent que c'était au pape à juger la chose en dernier ressort. Eux-mêmes n'avaient reçu aucun mandat à ce sujet. Mais ils refusaient aux Grecs de droit de trancher la question et avant de repartir pour Rome, ils donnèrent à Ignace l'ordre formel de ne faire aucune ordination en Bulgarie. L'empereur dissimula sa colère et avec une bonne grâce apparente organisa les dernières fêtes en l'honneur des légats. Mais aussitôt qu'il eurent mis à la voile, il leur fit donner la chasse par des pirates qui les dépouillèrent et il somma Ignace de consacrer un pontife pour la Bulgarie. Ignace se trouva enfermé dans le plus cruel dilemme : obéir, c'était mécontenter Rome à laquelle il devait tant de reconnaissance pour la sollicitude avec laquelle elle avait soutenu sa cause ; ne pas obéir, c'était s'exposer aux persécutions de l'Empereur qui considérait la mesure ordonnée par lui comme un moyen infaillible de conquérir la suzeraineté de la Bulgarie. Après avoir longtemps balancé, il exécuta l'ordre de l'Empereur. Ce fut la seule défaillance de sa vie de saint.

L'entente de Byzance et de Rome était d'ores et déjà compromise. Sans doute, Photius était exilé (1), Ignace rétabli ; l'Eglise d'Orient était revenue à la communion romaine. Rome sortait victorieuse des difficultés qui l'avaient assaillie dans ces dernières années. Elle avait permis à Basile Ier de se poser en pacificateur des esprits et d'effacer par des mesures de conciliation le souvenir de son criminel avènement. Mais Basile était l'héritier de ses prédécesseurs dont les traditions respiraient la haine de l'Occident et l'indépendance vis-à-vis de Rome. Le peuple au milieu duquel il vivait partageait ces deux sentiments. L'empereur les avait refoulés un instant dans le but de ramener pour les besoins de sa politique le calme et la paix. Ils étaient trop vivaces pour qu'il pût réussir à les étouffer.

(1) Après le conciie de 870 il fut envoyé à Stenos

CHAPITRE V

Retour et nouvelle disgrâce de Photius.

Dans son exil, Photius ne restait pas inactif. Ni l'étendue, ni la soudaineté de sa disgrâce n'avaient pu dompter son énergique nature. Il connaissait trop bien la mobilité des hommes et l'instabilité des choses à Byzance, pour ne pas espérer un revirement en sa faveur, ou des circonstances opportunes. Surtout il se rendait compte que la paix de Byzance avec le Saint-Siège ne serait pas longue. L'unanimité avec laquelle, ces deux puissances s'étaient concertées pour l'abattre, n'avait pas duré. Au cours même du concile qu'elles avaient tenu de concert l'une avec l'autre, de nombreuses difficultés avaient surgi. L'hostilité des Grecs et des Latins s'y était manifestée ; elle avait failli éclater au moment où, le concile étant terminé, on aurait pu croire à la solution de tous les litiges et à l'entente définitive. L'empereur s'était repenti des concessions qu'il avait faites, de l'importance qu'il avait donnée à Rome et avait cherché à les racheter. Des querelles protocolaires il était passé aux compétitions d'influence et la direction politico-spirituelle de la Bulgarie qui avait flatté son ambition et qu'il revendiquerait jalousement, était destinée à devenir le plus grave sujet de discorde avec Rome fermement décidée à la conserver pour elle. Ses prétentions répondaient trop bien à l'état d'esprit de ses sujets pour qu'il ne trouvât pas auprès d'eux l'approbation la plus enthousiaste et la plus unanime. Cet état d'esprit était même celui d'un saint homme comme Ignace qui, après un douloureux conflit entre ses devoirs de chrétien et son loyalisme byzantin, avait obéi au second et s'était vu menacer par Jean VIII de l'excommunication. A chaque instant, les décisions du dernier concile auxquelles les Byzantins n'avaient souscrit qu'après un violent effort sur eux-mêmes, pouvaient devenir lettre morte et ne plus s'opposer au retour de l'état de choses qu'elles avaient fait disparaître.

L'occasion était favorable pour Photius. Sa correspondance prend à cette époque une importance considérable. Il ne se lasse pas d'écrire, soit pour protester contre l'injustice dont il se dit victime, soit pour intéresser à lui les personnes qu'il croit pouvoir lui servir, soit pour maintenir ou réchauffer le zèle de ses partisans. Sans cesse il se compare à l'Homme-Dieu et voit dans le concile qui l'a abandonné un tribunal semblable au Sanhédrin. Un de ces tremblements de terre fréquents à Constantinople vient à ébranler le sol. Il insinue que ce pourrait être la punition divine de ses persécuteurs (1).

Il tâche de fléchir l'Empereur. Il lui rappelle leurs vieilles relations, les liens mystiques qui les rattachent l'un à l'autre, car lui Photius a baptisé l'Empereur. Il lui reproche ses rigueurs et oppose sa dureté à l'indulgence de ses prédécesseurs quand ils se sont crus obligés de sévir. Les plaintes et les reproches restant sans effet, il recourt à la flatterie. Un minuscule succès

(1) « Certes, je ne dirai pas que cette ville a été punie pour les maux qu'on me fait souffrir, et je vous prie d'avoir les mêmes sentiments. Malgré nos souffrances qu'aucune langue ne pourrait exprimer, que sommes-nous pour attirer la vengeance de Dieu ? D'ailleurs nous compatissons à leurs maux, selon la sympathie qui nous est naturelle, et nous en souffrons plus que de ceux qu'il nous ont fait souffrir. Cependant, s'ils sont punis pour avoir dépouillé, dans tout l'Empire, les temples de leur gloire, pour avoir insulté aux mystères des chrétiens, chassé de leurs églises par toutes sortes de violences les évêques et les prêtres, et pour avoir laissé substituer, soit par leur silence, soit par leur participation active, dans un siècle chrétien, les pratiques licencieuses du paganisme aux cérémonies du culte et du sacrifice divin ; si, dis-je, ils sont punis de tels actes de témérité, je n'ai plus rien à dire, jusqu'à ce que le tribunal de Dieu ait révélé de plus grands forfaits encore. » Les lettres écrites par Photius de son exil ont été publiées par MIGNE, *Patrol. gr.*, t, CII, p. 765 et seq.

sur les Sarrasins lui fournit l'occasion d'exalter les victoires de son empereur. Peine perdue, celui-ci reste inflexible. Photius écrit alors à Baanès et lui demande d'intercéder pour lui auprès de l'Empereur. Baanès, qui a peur de se compromettre, répond qu'il est un ami secret, un autre Joseph d'Arimathie. A quoi Photius réplique que sans doute Joseph d'Arimathie était un ami secret et un disciple nocturne de Jésus, mais brisant bientôt les liens de la crainte, il devint un disciple plus fervent et plus hardi que ceux qui avaient professé Jésus en public, puisqu'il a descendu le corps de Jésus ignominieusement attaché à la croix. Baanès n'a garde de bouger et Photius s'abandonne à sa rage contre des hommes qu'il n'a pu fléchir. Mais ses colères sont courtes et au lieu de s'attarder à d'inutiles récriminations, il préfère essayer d'autres moyens pour sortir de sa situation.

Un stratagème incroyable (1) lui valut la clémence de l'Empereur. Basile, comme tous les parvenus, rougissait de sa naissance et émettait les plus vaniteuses prétentions. Photius le prit par son côté faible. Il composa une généalogie d'après laquelle Basile descendait de Tiridate, roi d'Arménie, qui au IIIe siècle se convertit au christianisme. Elle prédisait la gloire de Basile dont elle retraçait un portrait fort fidèle en le désignant sous le nom de Beclas. Beclas était l'anagramme de Basile et de sa famille : Basile, Eudocie, Constantin, Léon, Alexandre, Etienne. Ce document écrit en caractères énigmatiques sur un fragment de parchemin, que Photius avait encore eu le soin d'enfumer pour lui donner un air de vétusté plus marqué, fut caché par les soins de Théophane dans un recoin de la bibliothèque impériale. Quelques jours après, Théophane feint de le découvrir et le présente à l'Empereur. Mais personne n'est capable de le déchiffrer. Seul Photius avec sa grande science

_____

(1) Cf. sur ce point les observations de A. Voor, *Basile Ier*, p. 234. L'histoire figure dans Nicétas (*Vita Ignatii*) et dans la *Chronique* de Syméon, qui sont deux sources indépendantes. Elle a été reprise par Constantin Porphyrogénète (*Vita Basilii*).

pourrait en révéler le sens. On le rappelle de l'exil et il
donne lecture de la généalogie. L'Empereur fut si flatté
de sa descendance inattendue et des prophéties relatives
à son avènement, que non seulement il lui accorda sa
grâce, mais lui confia l'éducation de ses propres enfants.

On ignore quelle fut son attitude envers Ignace. On
ne peut même pas dire avec précision si les deux rivaux
restèrent longtemps en présence. Car si l'on connaît la
date de la mort d'Ignace, on ne peut établir celle du
retour de Photius à Constantinople qu'avec une assez
large approximation. Stylianos prétend (1) que Photius
aurait très vite repris les hostilités et aurait même envahi
un jour l'église Sainte-Sophie où son adversaire officiait.
Au dire de Nicetas, il se serait attribué illégitimement
l'évêché de Magnaure.

Ces assertions sont suspectes sous la plume de Stylianos et de Nicétas qui étaient les ennemis jurés de Photius, et manquent de vraisemblance. Photius avait
trop d'habileté pour fomenter ouvertement des troubles
qui lui avaient valu autrefois la disgrâce de Basile, et
qui auraient été la méconnaissance la plus complète de
la volonté impériale. Quelque tendues que fussent en
effet les relations de Byzance avec Rome depuis le concile
de 869, elles n'étaient pas rompues. La condamnation
doctrinale de Photius et la réintégration d'Ignace restaient des faits acquis et intangibles. Des négociations
s'étaient ouvertes au sujet de la Bulgarie et on ne désespérait pas de les terminer par une transaction. Le
Saint-Siège avait encore assez de confiance dans l'Empereur pour lui demander son appui contre les Sarrasins. Il aurait été difficile à Photius de se livrer
impunément à de nouvelles provocations. Ce qui est
certain, c'est qu'il s'efforça par tous les moyens de
pénétrer plus en avant dans la confiance de l'Empereur
à qui il restait quelque peu suspect, et de conquérir
ainsi un appui qui lui avait originairement fait défaut.
De cette époque datent ses relations les plus étroites

____

(1) Mansi, XVI, 429.

avec Théodore Santabaren, un intrigant-né et personne agréable à l'Empereur. Santabaren réussit à lever les dernières hésitations de l'Empereur. Ignace étant venu à mourir le 23 octobre 86*, Photius fut désigné pour le remplacer.

Mais il restait sous le coup de l'excommunication lancée contre lui par le concile de 869. Les partisans d'Ignace s'agitaient, et Rome ne tarderait pas à fulminer un nouvel anathème. Si nombreux que fussent ses partisans, Photius aima mieux désarmer ses adversaires par des concessions et se mettre en règle avec Rome que de risquer une lutte dont l'expérience lui avait montré les dangers. Or à ce moment, l'espoir d'une réconciliation avec le Saint-Siège ne paraissait pas chimérique. Jean VIII, pressé par les Sarrasins, demandait le secours de l'Empereur. Sous certaines conditions à déterminer, on pouvait obtenir de lui la reconnaissance de Photius.

Justement, deux légats, Paul d'Ancône et Eugène d'Ostie venaient d'arriver à Byzance. Ils étaient chargés de solliciter la protection de l'Empereur contre les Sarrasins, et de réclamer le rappel des missionnaires grecs envoyés en Bulgarie. L'Empereur promit d'agir selon leurs désirs, s'ils consentaient à reconnaître Photius comme patriarche. Les légats qui ignoraient à leur départ la mort d'Ignace et n'avaient par conséquent pas reçu de mandat au sujet de son remplacement, n'osèrent prendre l'initiative d'une mesure aussi grave. Mais ils se portèrent garants des bonnes dispositions du pape, et laissèrent entendre qu'il pourrait bien accorder cette dernière faveur. Stylianos les a à ce sujet taxés de complaisance et les a accusés de s'être laissé corrompre. Nous ne voyons pas que les légats soient sortis des limites de leur mandat. S'ils ne se récrièrent pas devant des propositions qui, en d'autres temps les eussent scandalisés, c'est qu'ils se rendaient compte de la différence des temps. Jean VIII se trouvait en ce moment dans le plus sérieux embarras. Menacé par les Sarrasins, il ne paraissait pas impossible que, pour se ménager le secours de l'Empereur, il allât jusqu'aux dernières concessions. D'ailleurs Photius semblait entrer dans la voie du repentir ; après la mort d'Ignace, il s'était refusé à faire des ordinations pour la Bulgarie. Son accession au patriarcat n'avait plus depuis la mort de son prédécesseur le caractère d'une usurpation. Il comprit les chances qu'il avait de la faire reconnaître et, sans retard, envoya Santabaren à Rome demander le consentement du pape. L'Empereur appuyait sa demande dans une lettre.

Jean VIII répondit par la lettre « *Inter claras* » qui fut adressée à l'Empereur. Dans un but de paix et pour mettre fin à la division de l'Eglise, il faisait droit aux désirs de Photius, mais en réservant les droits de l'Eglise. Il interdisait pour l'avenir l'élévation des laïques au patriarcat, et exigeait que les patriarches renonceraient à toute juridiction sur la Bulgarie, enfin que Photius demanderait pardon de ses égarements devant un synode réuni tout exprès.

Photius promit tout ce qu'on voulut. Ce qui lui importait avant tout, c'était la jouissance paisible de sa dignité. Basile renonçait à ses prétentions sur la Bulgarie et tout heureux de voir se terminer l'agitation religieuse, il envoya en Italie des troupes qui battirent les Musulmans. L'entente était complète et semblait assurée par les avantages réciproques qu'elle assurait aux deux parties. Le pape en retirait l'unité de son église et s'acquérait une puissante protection. Photius y gagnait la jouissance paisible de sa dignité et Basile voyait la paix et la tranquillité renaître dans l'empire.

Un événement imprévu vint rompre cet accord en donnant à Photius une indépendance à peu près complète. Le fils aîné de l'Empereur, Constantin, mourut. Basile fut si affecté de cette mort qu'il en perdit la raison. Photius, dont l'Empereur, avec l'intelligence et l'énergie de sa lucidité, comprimait les ardeurs, ne connut plus aucun frein. Libre d'agir à sa guise, et ne craignant plus de mettre le trouble dans la diplomatie de son maître, il ne songea qu'à prendre la revanche de victoires que Rome avait remportées sur son orgueil et son opiniâtreté.

Le concile qui devait recevoir son amende honorable se réunit quelques jours après. Mais il se garda bien d'y faire les réparations exigées par Rome et ce ne fut pas le concile qui le rappela à l'exécution de ses promesses. Il comprenait trois cent quatre-vingts évêques, presque tous dévoués à Photius. L'absence de l'Empereur, impuissant à le présider, favorisa toutes les intrigues et toutes les révoltes. Les légats du Saint-Siège se laissèrent encore corrompre et Photius, renversant les rôles, fit servir à son exaltation personnelle une assemblée destinée à juger ses actes et à recevoir ses excuses. Aucune des promesses qu'il avait faites à Jean VIII ne fut tenue. Aux applaudissements de l'assemblée, l'évêque de Chalcédoine, l'un de ses plus vieux partisans, fit son apologie dans les termes les plus emphatiques et le qualifia même « d'homme divin ». Dans ces conditions, il ne pouvait plus être question pour lui de solliciter l'absolution de son passé. Il refusa également de prendre un engagement quelconque relativement à l'intronisation des laïques et se montra moins que jamais disposé à renoncer à la direction ecclésiastique de la Bulgarie. Bien plus, il prononça la nullité du huitième concile de Constantinople et se fit attribuer la primauté dans l'Eglise, avec le pouvoir de lier et de délier. C'était le commencement du schisme.

Naturellement les légats cachèrent à Jean VIII la vérité sur ce qui s'était passé. Mais celui-ci jugea à leur attitude embarrassée que tout n'avait pas été dans l'ordre. Aussi refusa-t-il de donner une approbation pure et simple aux actes d'un concile sur lequel on refusait de l'instruire. Dans une lettre adressée à Photius en 880, un an après les événements, il déclare la restreindre à tout ce qui n'a pas été fait contre ses ordres. Puis il envoya un nouveau légat, Marin, prendre des informations sur place. Marin apprit bientôt et fit connaître à Rome toute la vérité. Jean VIII sortit alors de l'attitude conciliante où il s'était tenu et au risque de perdre l'appui de Byzance contre les Sarrasins, n'hésita pas à déposer ses légats et à anathématiser Photius. Photius se moqua de ses anathèmes et, appuyé sur l'autorité du dernier concile qu'il prétendait œcuménique, maintint toutes ses prétentions. Il souleva de nouveau la question du *Filioque* et recommença à accuser Rome d'hérésie. Jean VIII étant mort, il conteste la légitimité de son successeur sous prétexte que, étant évêque, il ne pouvait être transféré d'un siège à un autre. Son ambition ne se borne pas à avoir la première place dans l'Eglise, il rêve encore de monter sur le trône de l'Orient. Avec Santabaren il complote d'enlever la couronne à Léon qui est déjà associé à l'Empire, et de la rendre disponible soit pour lui-même, soit pour un de ses parents. Santabaren, après avoir conseillé au prince de porter toujours une arme sur lui, persuade à Basile que son fils nourrit contre lui des desseins meurtriers. Ordre est donné de fouiller Léon qui est trouvé en effet porteur d'un poignard. L'empereur, convaincu de la vérité des accusations de Santabaren, fait jeter son fils dans les fers et l'y tient pendant cinq ans. Il ne lui rend, dit-on, la liberté que par un mouvement de pitié provoqué par l'exclamation d'un perroquet, reproduisant une parole qui revient dans toutes les conversations : « Hélas ! hélas ! seigneur Léon ! » Il meurt lui-même quelques mois après.

Vainement Photius et Santabaren essaient de lui donner un successeur de leur choix. Léon monte sur le trône. Pieux et sage, il reprend les vieilles relations avec Rome et dépossède Photius de son siège. Sur son ordre, deux officiers se rendent à Sainte-Sophie où le Patriarche officie. Ils montent sur l'ambon, lisent devant le peuple assemblé le décret de destitution et expulsent l'usurpateur qui est remplacé par Etienne, frère de l'empereur et syncelle de la Grande-Eglise.

Léon avait encore à se venger de l'emprisonnement et des mauvais traitements que lui avait fait endurer la perfidie de Santabaren, et à punir le complot tramé pour empêcher son avènement. Photius et Santaraben furent appréhendés et traduits devant une commission spéciale. La preuve du complot ne put être faite et ils furent renvoyés absous. Mais Santaraben avait encore à répondre de ses manœuvres contre Léon : il subit la fustigation, puis on lui creva les yeux et on l'envoya en exil d'abord à Athènes, puis à Natolie. Photius qui était un sujet permanent de troubles fut également exilé par ordre de l'Empereur (1). Ses excitations ayant pris fin, le schisme cessa lui aussi et l'Orient rentra dans la communion romaine.

(1) Il mourut en 891, à Bordi, en Arménie.

CONCLUSION

Rome triomphait, mais son triomphe n'était pas définitif. Les derniers événements avaient montré l'impossibilité d'une entente durable avec Byzance. Des différences trop profondes existaient entre les Orientaux et les Occidentaux. Certes, les passions humaines avaient eu un rôle important dans ces derniers événements. Les instincts de vengeance d'un Bardas, l'ambition effrénée d'un Photius, les viles complaisances d'un Michel III, les intrigues d'un Santabaren avaient constamment influencé la marche des événements. Mais la disparition de ces hommes malfaisants n'avait jamais suffi à ramener la paix. Ceux qui les remplaçaient ne pouvaient, quelles que fussent leurs bonnes intentions, rester d'accord avec Rome. Un Basile, un Ignace, un Léon, ne parvenaient à réaliser avec Rome qu'une union momentanée. Une force secrète semblait agir pour la rompre.

Les divergences religieuses soulignées par Photius furent plutôt une occasion qu'une cause. Elles se réduisaient à fort peu de chose et portaient exclusivement sur des questions de discipline et de liturgie. Les formules respectivement adoptées sur la procession du Saint-Esprit ne créaient pas une dualité dans les croyances. Peu éloignées dans le fond, elles traduisaient des opinions également autorisées par l'Eglise.

La vraie cause de l'antagonisme qui existait entre les Grecs et les Latins, résidait dans la suffisance et dans les rancunes des premiers. Le sentiment où ils vivaient d'être les héritiers de l'Empire romain, leur avait fait rejeter comme une usurpation la fondation du Saint-Empire. La papauté qui l'avait favorisée était devenue l'objet d'une haine déjà excitée par une grande indocilité religieuse. Cette indocilité était un produit de l'esprit grec qui était toujours en mouvement et ne pouvait se fixer sur aucun dogme. De là des interventions répétées du chef de l'Eglise. Byzance était d'autant moins disposée à les admettre que la conscience de sa supériorité intellectuelle et artistique lui faisait considérer comme des Barbares tous les hommes qui vivaient en dehors de ses frontières.

Quand, sous la pression des circonstances, elle avait été amenée à des concessions, ces concessions lui avaient paru une abdication. On l'avait bien vu au lendemain du concile de 869. Photius avait perdu tous ses protecteurs les uns après les autres. Le trône était occupé par un de ses ennemis personnels, qui le détestait, comme homme, et jugeait, comme empereur, ses agissements funestes aux intérêts de l'Empire.

Photius est envoyé en exil et Basile s'emploie à réparer avec le Saint-Siège les maux qu'il a causés. Mais à peine s'est-elle produite, l'intervention du Saint-Siège, qu'il a pourtant sollicitée, paraît à l'empereur une tyrannie. En acceptant la direction spirituelle de l'Eglise et en s'adressant à elle pour régler des questions d'ordre spirituel, Basile éprouve la sensation d'une déchéance. La présence des légats dans sa capitale lui est insupportable et il n'est pas de mesquinerie à laquelle il ne recoure pour affirmer une indépendance que personne ne menace. L'Empereur Léon VI a une conduite analogue. Plus religieux que Basile, il monte sur le trône animé de meilleures intentions et plein de respect pour le Saint-Siège. Mais la paix ne saurait durer; son quatrième mariage fournit l'occasion d'une brouille.

Un dissentiment éternel couve donc entre Rome et Byzance. Antérieur à Photius, il survit à sa chute. Cependant, l'influence de cet homme est loin d'être négligeable. S'il n'a pas créé l'antagonisme de Byzance et de Rome, il l'a développé et précisé. Il l'a ramassé dans les formules de combat et en a tiré dans la pratique les dernières conséquences. Sans doute il a été vaincu; mais sa doctrine est restée ; son schisme a été une dangereuse expérience. Il suffira de le répandre pour le rendre définitif. Ce sera l'œuvre de Michel Cérulaire au xie siècle.

BIBLIOGRAPHIE

Les sources de l'histoire de Byzance sont énumérées et décrites dans l'ouvrage classique de KRUMBACHÉR, *Geschichte der byzantinischen litteratur* (Munich, 3ᵉ éd. 1897). — On trouvera l'inventaire général des instruments de travail que nous possédons dans un vivant article de DIEHL (*Revue de synthèse historique,* 1901, t. III) : Revue générale de l'histoire de Byzance.

Les documents originaux ont été imprimés dans deux grandes collections : la *Byzantine du Louvre* (Byzantiniæ historiæ scriptores, Paris 1639-1711) et la collection dite de Bonn : *Corpus scriptorum historiæ byzantiniæ,* Bonn, 1828-1895, 50 vol. in-fol.

La *Constantinopolis Christiana* de Du Cange, constitue encore une mine inépuisable de renseignements de tout ordre.

On ne s'explique bien le succès des diverses tentatives de Photius qu'après une étude sérieuse des mœurs byzantines, de l'état religieux des Grecs et de leurs relations avec l'Occident.

On trouvera un tableau intéressant des mœurs byzantines dans le *Saint Jean Chrysostome* de PUECH (Paris, 1891) et dans l'article pittoresque publié par A. RAMBAUD dans la *Revue des Deux Mondes* (15 août 1871) sous le titre : *l'Hippodrome à Constantinople.*

L'étude de l'art byzantin a tenté un grand nombre d'auteurs ; nous citerons : BAYET, *l'Art byzantin* (Paris, 1883) ; — KONDAHOFF, *Histoire de l'Art byzantin considéré principalement dans les miniatures,* 2 vol. (Paris,

1886-1891) ; — LABARTE, *le Palais impérial de Constantinople* (Paris, 1861) ; — MILLET, *l'Art byzantin* (dans l'*Histoire de l'Art* de A. MICHEL, I, 1).

La civilisation byzantine en général a été étudiée dans deux ouvrages importants : DIEHL, *Justinien et la civilisation byzantine au VIe siècle* (Paris, 1901) et SCHLUMBERGER, *l'Epopée byzantine* (3 vol., Paris, 1896-1905).

Sur la situation religieuse à Byzance, on lira FORTESCUE, *The orthodox eastern Church* (Londres, 1907) ; — GELZER, *das Verhältniss von Staat und Kirche in Byzanz* (*Hist. Zeitschr.*, t. LXXXVI) ; — abbé MARIN, *les Moines de Constantinople depuis la fondation de la ville jusqu'à la mort de Photius* (Paris, 1897) ; — R. P. PARGOIRE, *l'Eglise byzantine de 527 à 847,* (Paris, 1905).

Les relations politiques de l'Orient avec l'Occident font le sujet des deux ouvrages suivants : GASQUET, *l'Empire byzantin et la monarchie franque* (Paris, 1888) ; — HARNACK, *das Karolingische und das byzantinische Reich in ihren vechsseltseitigen politischen Beziehungen* (Göttingen, 1880). On trouvera d'excellents chapitres sur ce sujet dans le livre clair et documenté de KLEINCLAUSZ sur *l'Empire carolingien,* (Paris, 1902) et dans celui de DIEHL, *Etudes sur l'administration byzantine dans l'exarchat de Ravenne* (Paris, 1888). Ce dernier insiste surtout sur les relations de l'Orient avec la Papauté.

Sur Photius, il n'existe pas d'ouvrage d'ensemble qui soit au courant des derniers travaux. Le principal, celui de HERGENRÖTHER, *Photius, Patriarch von Konstantinople,* 3 vol. (Regensburg) que l'on peut compléter par celui de LÉGER, sur *Cyrille et Méthode,* remontent le premier à 1867-69, le second à 1868. Nous ne citerons que pour mémoire le livre de l'abbé JAGER, *Histoire de Photius* (Paris, 1854, 2e éd.), écrit dans une langue emphatique et sans critique, mais qui contient toutefois un assez grand nombre de pièces justificatives commodes à consulter et accompagnées d'une traduction,

Plus près de nous, il y a un aperçu clair et précis, mais beaucoup trop rapide du schisme d'Orient au t. I de *l'Histoire Générale* de Lavisse et Rambaud, par BAYET. BRÉHIER, en traitant du schisme de Cérulaire, a étudié avec précision les dissentiments qui existaient entre l'Eglise d'Orient et celle d'Occident et auxquels Photius avait donné une nouvelle force, dans sa thèse : *Le schisme oriental au* XIe *siècle* (Paris, 1899) ; A. VOGT a donné un excellent chapitre sur les événements du schisme, contemporains de Basile Ier dans son *Basile I*[er] (Paris, 1908, liv. II, ch. IV, p. 202-315).

On trouvera des renseignements généraux portant à la fois sur la vie et sur les œuvres de Photius dans HÉFÉLÉ, *Histoire des Conciles,* trad. Delarc, t. VI (Paris, 1871) et dans Dom CEILLIER, *Histoire Générale des auteurs sacrés et ecclésiastiques*, t. XIII (Paris, 1863.)

Les documents originaux sont avant tout les lettres de Photius lui-même, qui ont été publiées au tome CII de la *Patrologie grecque* de MIGNE ; les actes des divers conciles auxquels il a été mêlé et qui ont été publiés dans les collections LABBE (t. VIII) et MANSI (t. XVI), pour ne citer que les principales. Dans ces collections figurent encore les lettres des papes relatives à Photius qui sont de la première importance, la préface d'Anastase au VIIIe concile œcuménique et la lettre de Stylianos au pape Etienne.

On peut faire foi sur les lettres des papes, qui sont d'ordinaire fort précises et fort calmes. Il n'en va pas de même de la lettre de Stylianos, qui, avec la *Vie d'Ignace* de Nicetas David (MIGNE, *Patrologie grecque,* CV) portent la marque de violentes exagérations.

D'autres renseignements nous sont fournis par le *Liber Pontificalis* dans les chapitres relatifs aux papes contemporains de Photius (éd. Duchesne, t. II) et par les *Annales Ecclesiastici* de BARONIUS, dans les notices concernant les mêmes papes (éd. Theiner, t. XV).

Les indications données par le *Liber pontificalis* sont généralement sûres. L'ouvrage contemporain des événements est sans doute l'œuvre d'Anastase. Mais il est bon de contrôler les assertions de Baronius dont l'ouvrage, qui n'est qu'une compilation bien postérieure aux faits, fournit çà et là des données intéressantes, tirées de documents aujourd'hui perdus, mais porte souvent des traces de polémique.

Il résulte de ce rapide exposé que nous connaissons surtout Photius par ses ennemis. Il est seul à prendre sa propre défense ; encore ses lettres ont-elles trop souvent un caractère exclusivement littéraire. Il ne s'en dégage aucune donnée précise.

Est-ce à dire que nous courions le risque d'être injustes pour la mémoire du patriarche ? Non, car les faits qui le concernent sont suffisamment établis et par l'accord de ses ennemis, différents bien souvent de caractère et de tempérament, entre eux d'abord, ensuite avec les Byzantins, qui, s'ils ont pris en droit la défense de Photius, n'ont jamais contesté le fait de ses manœuvres.

Nous connaissons d'autre part les hommes qu'il attacha à sa cause : Grégoire Asbestas, Bardas, Michel III, Santabaren. Aucun d'eux n'avait la moindre valeur morale. Il est fort à craindre qu'il ne leur ait ressemblé.

TABLE DES MATIÈRES

1688-09. — Imprimerie des Orphelins-Apprentis, F. BLÉTIT, 40, rue La Fontaine, Paris-Auteuil.

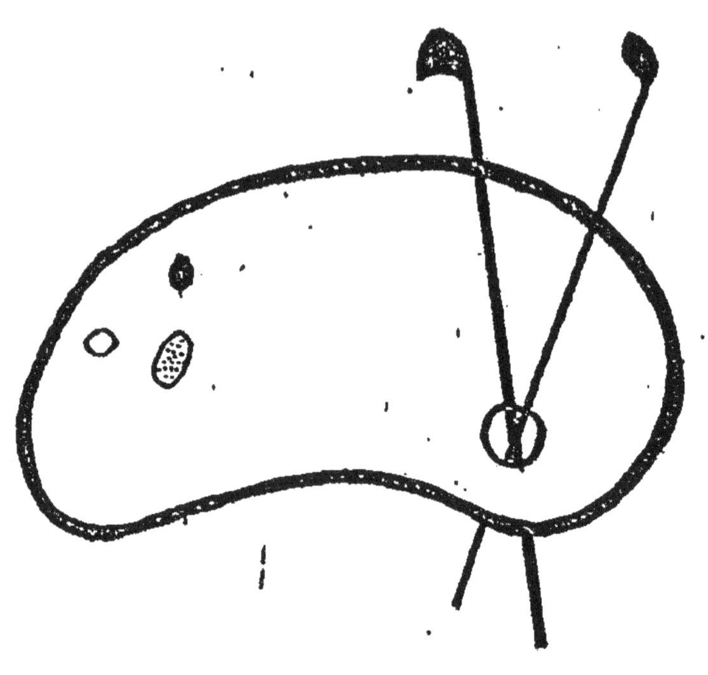

ORIGINAL EN COULEUR
NF Z 43-120-8